JN094686

健康な**カラダ**をつくる

水泳のポイント

ゆったり長く泳ぐ

元全米アクアエクササイズ協会
ナショナルトレーナー

己抄呼 監修
~Misako~

メイツ出版

MERMAID SWIMMING

はじめに

　私が 20 数年間の水泳指導の中で、いつも大きなひとつの疑問を心に抱いていたこと。それは『常識的に行なわれていた大人への指導方法が、子供達へ教える指導方法と全く同じ』であること。

　育ち盛りの子供達に対する指導や練習は、選手等ではないごく普通の大人には、やはりキツいものです。だから当然、大人になってから水泳を習う人にとっては、「水泳はキツいもの」となりがちです。

　『そんなにキツいこと、しなくても泳げるのに・・・』『カラダを水にゆだねる気持ち良さ、楽しさこそが水泳の魅力だし、上達の秘訣なのに・・・』そんな思いをずっと感じていたのです。

　だからある時から、私はその思いをそのまま指導に再現していったのです。そうすれば、泳げる、泳げる。みんながみんな、「アッ」という間に、ラクに泳げるようになったのです。水泳は『泳げるから楽しい』のではなく、『楽しいから泳げる。　そして、泳げるからもっと楽しい』。

　この本では、そんな私がたくさんの人たちと簡単に実現できた『人魚のようにラクに、優雅に、そして、ゆっくりと気持ちよく泳ぐ』方法をあなただけにご紹介したいと思います。

　全然がんばらないのに、ちょっとしたコツと、水を楽しむ気持ちを持つことで、『泳ぐって、こんなに楽しい』を心から感じていただければ幸いです。

己抄呼〜Misako 〜

ゆったり長く泳げる！

「長い距離を泳いでみたい」
どうしたら呼吸が苦しくならずに泳げるのだろう？
腰に負担のかからない泳ぎ方をしたい。
水泳できれいに痩せたい。運動不足を解消したい。
苦手な泳ぎ方を上手に泳いでみたい。
速さを競う水泳ではない身体にいい泳ぎ方を
3つの『コツ』で紹介します。

アクア界のカリスマ
＼ 己抄呼〜 Misako 〜監修の全く新しい技術書 ／

楽に泳ぐことができるようになる
最短距離

1 できないところを知る

▼

2 強化したいテクニックの
　　ページを開く

▼

3 3つのコツを頭にたたき込む

▼

4 練習を繰り返して
　　自分のものに！

本書の使い方

本書は最初から読み進めるべき解説書ではありません。各テクニックが見開き完結となっており、みなさんの知りたい習得したい項目を選んで、読み進めることができます。

各テクニックは、それぞれ重要な3つの『ツボ』で構成され、習得のポイントを分かりやすく解説しています。

コツが分かるから覚えやすい。覚えやすいから身につきやすい。ぜひスーパーテクニック習得に役立ててください。

ココが直る

そのテクニックを修得することで、足りなかった、修正できなかった部分を直すことにもつながる。

本文

紹介しているコツの概要を紹介している。テクニックを使用する場面などを整理しておこう。

コツ No.

50項目のテクニックを掲載。すべてを自分のものにして、レベルアップしよう。

コツ No.35 ▶▶▶ 背泳

足の甲を使って水面下で蹴りあげる

💡 **ココが直る** 背泳の正しい姿勢と、キックをするときの足の動かし方がわかる。

膝から下を水面下に落として足の甲でキックしよう

背泳のキックは、膝をゆるめた状態で水面をめがけて**足の甲でキック**する。膝が水面より上に出てしまうと、腰がさがり姿勢がくずれてしまうので注意しよう。

背泳のキックを練習するときの姿勢は、耳の上まで水に入れ、顔をまっすぐ上に向けて、顎を引いておく。

両手を重ねて、頭の後ろでしっかり伸ばしておくことで、自然と胸を張ることができる。

効くツボ
1. 足の甲で蹴りあげる
2. 顎を引き、顔を上に向ける
3. 両手を重ねて伸ばす

86

効くツボ

テクニックを3つのツボにして表現している。この「ツボ」さえおさえれば、テクニック修得はもう目前。

タイトル

具体的なタイトルで、身につけたい
技術が一目瞭然。 知りたいテクニッ
クから読み進めよう。

効くツボ1・2・3

3つのツボを詳しく、わかりやす
く掲載している。しっかり身につ
け、1日も早い修得を目指そう。

背泳の身体の使い方

効くツボ1

**膝をゆるめた状態で
足の甲で蹴りあげる**

背 泳のキックは膝をゆるめた状態で、足の甲で、
水面めがけて蹴りあげてみよう。膝が水面よ
り上に出ないように、膝下を水面下に落とすように
曲げておく。足は少し内股ぎみにしておくと、水を
しっかりキャッチして蹴りあげることができる。

効くツボ2

**顎を引き、顔を上に向けて
頭を固定させる**

背 泳のキックを練習するときの姿勢は、耳の上
まで水に入れ、顔をまっすぐ上に向けて顎を
引く。頭の位置を動かさないように固定させておこ
う。両手を頭の後ろにしっかり伸ばし、離れないよ
うに手を重ねておく。

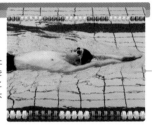

効くツボ3

**両腕を重ねて伸ばし
胸を張る**

両 手を重ねて、しっかり伸ばしておくことで、
胸を自然に張ることができるようになる。背
中や腰は反らさないように、おなかを引き締めて、
腰を少しゆるめるような状態にしておくと、正しい
背泳の姿勢を保ちやすくなる。

☞やってみよう
布団を足の甲で蹴る

あお向けに寝て、腰まで布団をかけておく。枕
の上に頭をおき、足元が見えるくらい持ちあげ、
背泳のキックを練習してみよう。膝が布団に当
たらないように、足の甲で布団を蹴りあげよう。

できないときはここをチェック ☑
水を蹴ったとき、つま先が伸びている
かチェックしてみよう。つま先が曲がっ
ていると、水をしっかり蹴っていないこ
とが多いので注意しておこう。

やってみよう

掲載したテクニックを修得したら、さらな
るレベルアップを図りたい。ここに掲載さ
れている内容にもチャレンジしてみよう。

できないときはここをチェック

掲載されているとおりやってみても、なかなか
上手くいかない。そんな時は、ここを読んでみ
よう。落ち入りやすいミスを掲載している。

体の使い方・
各パーツの基本

姿勢

後頭部から頚椎、背中にかけて
芯が通っているように、一直線
に伸ばしておく。
上半身は緊張させないように、
背中を少し丸めるようにして顎
を引いておこう。

呼吸

水泳の呼吸は、肋骨を開くよう
に、口から大きく息を吸い、鼻
や口から細く長く少しずつ吐
き、肋骨を閉じていく。

頭

頭を動かさないようにすると、安定した姿勢をキープでき、長時間泳いでも疲れない。

顎

クロールで泳ぐときは、顎をひき、顔を真下に向けておく。
ローリングをするとき、顎はいつも引いた状態にしておこう。

股関節

キックは股関節から大きく、ゆっくりと、歩くように動かすと、長く泳ぐときに疲れない。

膝

無理に伸ばそうとせず、身体のバランスをとるように、自然にしておく。
背泳のときは、膝下でキックする。

脇

クロールののリカバリーでは脇をあけ、肘を曲げて、肩に負担をかけないように動かす。

おなか

腹圧を高めるため、おなかはいつも引き締めるようにする。

手

入水は、指先をそろえて下に向ける。
キャッチや「かき」、リカバリーのときの手のひらの向きをチェックしてみよう。

足

足首やつま先にはあまり力を入れず、自然に伸ばしておく。

PART 1 泳ぐ前の準備と姿勢

長い距離を、ゆっくりと長く泳ぐため、水に慣れる練習をしておこう。
水中での姿勢や呼吸の基本を覚えれば、水の中で楽に過ごすことができるようになる。

PART 2 手の使い方とキック

クロールで長距離を泳ぐために必要な、入水や水のキャッチ、リカバリー
などの腕の動かし方と身体のバランスをとるキックの仕方を覚えよう。

PART 3 クロールの呼吸とローリング

泳いでいるときに息が苦しくなったら、ふし浮きから横向きになり、
背浮きの状態までローリングしてたくさん空気を吸ってみよう。

PART 4 背泳の身体の使い方

呼吸が楽な背泳は、ローリングと手のタイミングをうまくあわせると
かっこよく泳ぐことができる。

CONTENTS

PART 5 バタフライの泳ぎ方

難しいと思われがちのバタフライふし浮きダイブと
ゆっくりとした浮きあがりを連続させて簡単に、かっこよく泳いでみよう。

※本書は2006年10月発行の『もっと楽しく！ ゆったり長く泳げるコツ50』を元に加筆・修正を行ったものです。

長く距離を楽に泳ぐための

泳ぐ前の
準備と姿勢

長い距離を、ゆっくりと長く泳ぐために、水に慣れる練習をしておこう。
水中での姿勢や呼吸の基本を覚えれば、
水の中で楽に過ごすことができるようになる。

キャップとゴーグルは
自分にあったものを選ぶ

! ココが 直 る 泳ぐときに疲れないキャップとゴーグルの選び方と装着の仕方がわかる。

自分にあったキャップと
ゴーグルをしっかり装着

　長い距離を泳ぐとき、水泳用のキャップはきつくないものを選ぶようにしよう。**縫い目や折り目を縦ライン**にして、髪の毛を全部入れてかぶることがポイントだ。

　ゴーグルは、顔の骨格が彫りの深い人は小さめのレンズでパットが薄いもの、目の大きい人や彫りが深くない人は、大きめのレンズでパットが厚いものを選ぶようにすると、ゴーグルがずれずに、中に水が入ることがなく、長時間泳ぐことができる。

効くツボ
1. きつくないものを選ぶ
2. 髪の毛を全部入れる
3. 斜めにゴムをかける

効くツボ 1

長時間泳ぐとき
キャップはきつくないものを選ぶ

水 泳用のキャップには、メッシュとシリコンの
2種類のタイプがあるが、どちらを使うとき
も、あまりきつくないものを選ぶようにしよう。長
時間を泳ぐとき、頭をしめつけるものを使うと、途
中で頭が痛くなったり、疲れてしまう。

効くツボ 2

縫い目を縦ラインにして
髪の毛を全部入れてかぶる

キ ャップをかぶるときは、折り目や縫い目を縦
ラインにして、髪の毛をキャップの中に全部
入れるようにしよう。抵抗が少なくなり、ずれるこ
ともなく、長距離を疲れずに泳ぐことができる。少
し深めにかぶることがポイントだ。

効くツボ 3

自分の顔にあったゴーグルを選び
斜めにゴムをかける

自 分の顔にあったゴーグルを選び、目のまわり
にぴったりつくように装着したら、ゴムは後
頭部に向け、斜めにかけておくとずれることがなく、
長時間泳ぐことができる。泳ぐ前に手のひらで、ゴー
グルを押すと、中の空気がぬけ、水が入りにくくな
る。

やってみよう

ゴーグルはダーク系の色

長い距離をゆっくり泳ぐとき、ピンクや黄色な
どカラフルな色のゴーグルでは目が疲れてしま
うので、ブルーや黒などダーク系の色のもの
を選ぶようにしよう。

できないときはここをチェック ☑

キャップの中に、髪の毛が全部入って
いるかチェックしよう。髪の毛を出して
かぶると、泳いでいる間にぬげてしま
う。

水に慣れるための
ウォーミングアップの呼吸

> **!** ココが
> 直る
> 呼吸筋（こきゅうきん）が水圧に慣れる方法がわかり、呼吸がしやすくなる。

泳ぐ前に呼吸の練習をして身体を慣らしておこう

　プールの水圧に対して呼吸運動を営む筋肉、**呼吸筋**が慣れるために、水の上でしっかり息を吸い、水の中でおもいきり吐く練習をしてみよう。

　水の上で肋骨を開くように大きく息を吸い、**水の中で一度呼吸を止めて**、苦しくなったら、鼻から細く長く、少しずつ息を吐いてみよう。

　背中を丸めるようにして、息を全部吐ききって、水の上にあがるという練習を繰り返してやってみよう。

>
> 効くツボ
> 1. 口から息を吸い鼻から吐く
> 2. 水の中で息を止めて耐える
> 3. 細く長く少しずつ息を吐く

効くツボ **1**

背中を丸めるようにして
息を吐く

プールの水圧に呼吸筋が慣れるために、水の上で口からおもいきり息を吸い、水の中で鼻から吐いてみよう。息を爆発的に出すときは、伸ばしていた背中を丸めるようにして、肋骨をせばめるイメージでやってみよう。

効くツボ **2**

水の中で
息を止めてじっと耐える

水の中で息を止めて、じっと耐える練習をしてみよう。水の上で肋骨を開くようにして、おもいきり息を吸い、そのまま状態で水に入り、苦しくなるまで息を止める。その後、鼻から少しずつ息を吐くようにしてみよう。

効くツボ **3**

水の中で
細く長く少しずつ息を吐く

水の中で、細く長く少しずつ鼻から息を吐く練習をやってみよう。おなかをへこませるように、肋骨を少しずつ締めていきながら吐き続けて、最後は背中が丸くなるまで、息をすべて吐ききって水の上にあがる練習を繰り返しやってみよう。

☞やってみよう
おなかをへこませて呼吸

肺活量と腹圧を高めるために、ふだんからおなかをへこませた状態で、呼吸することを心がけてみよう。電車でつり革をつかまっているときなどにやってみよう。

できないときはここをチェック ☑

身体が緊張していないかチェックする。水に顔を入れたときに、一瞬呼吸がしづらくなるのは、胸の筋肉が緊張するためだ。大きく深呼吸をしてからやってみよう。

03 ▶▶▶ 泳ぐ準備

ウォーミングアップで
身体の緊張をほぐす

 ココが直る 泳ぐ前のウォーミングアップの方法と身体の動かし方がわかる。

上半身をねじるように歩いてみよう

クロールを泳ぐときのウォーミングアップとして、膝と手をクロスするように交互に動かして、**上半身をねじりながら歩いてみよう。**

頭をできるだけ動かさないように、顔は正面に向けて、顎を引き、身体の軸は固定させたまま歩くことが大切だ。

おなかを引き締め、背中を少し丸めるようにすると、背中をそらさずに、楽に泳げるイメージを作ることができる。

効くツボ
1. 上半身をねじるように歩く
2. 身体の軸を固定させる
3. おなかを引き締める

効くツボ 1

膝と手をクロスさせて
上半身をねじる

ク ロールのウォーミングアップとして、膝と手をクロスするように交互に動かして、上半身をねじりながら、一本のラインの上を進むイメージで歩いてみよう。膝をあげすぎると背中が曲がってしまうので、あげすぎないように歩くことがポイントだ。

効くツボ 2

頭を動かさず
身体の軸は固定させたまま歩く

上 半身をねじるようにして進むとき、顔は正面を向け、身体の軸を固定させたまま歩くようにしよう。顎を引き、視線を遠くに向けるようにすると、頭が横や下に向くことがなく、身体をしっかりねじりながら歩くことができるようになる。

効くツボ 3

おなかを引き締め
背中をそらさない

お なかをへこますように、腹圧を強め、骨盤を安定させて歩いてみよう。ウォーミングアップで背中を反らして歩いていると、泳ぐときに身体が反り返ってしまうので、背中を少し丸めるようなイメージで歩くようにする。

やってみよう
ラインを目印に歩く

プールの底に引いてあるラインにそって、まっすぐに歩く練習をやってみよう。ライン上に、足と手をのせていくようなイメージで歩くと自然と上半身をねじることができる。

できないときはここをチェック ☑

上半身をねじりすぎて、顔が横や後ろに向いていないか、足をあげすぎて、前かがみになりすぎていないかチェックしてみよう。

04 ▶▶▶ 浮き方

正しいけのびの姿勢で
楽な身体のラインを作る

ココが直る 楽に泳ぐための、身体のラインの作り方がわかるようになる。

楽に泳げる
身体のラインを覚えよう

疲れずに泳ぐ身体のラインを作るため、**正しいけのびの姿勢**を覚えよう。

後頭部と背中を一直線に伸ばし、顔は真下を見るように顎(あご)を引く。手と足は肩幅に開き、自然に伸ばしておこう。

おなかをへこませるようにして、**背中を少し丸める**と楽な姿勢を保つことができる。

手は耳の真横にあげると、下半身が沈んだり浮きあがってしまうことがなく、正しいけのびの姿勢を作ることができる。

効くツボ
1. 後頭部と背中を一直線
2. おなかをへこませる
3. 手は耳の真横にあげる

効くツボ 1

後頭部と背中を一直線に伸ばし顎を引く

け のびをするときは、後頭部と背中を一直線にするように自然に伸ばし、顔は真下に向け、顎を引いておく。手を肩幅に開き、前に伸ばしておこう。顎をあげすぎたり、さげすぎたりすると、身体に力が入ってしまうので注意する。

効くツボ 2

おなかをへこませるようにして背中を少し丸める

足 は肩幅に開き、あまり力を入れずに伸ばしておく。おなかはいつもへこませた状態で、けのびをしてみよう。おなかをへこませると、背中と骨盤が安定し、楽に泳げる姿勢を作りやすい。背中は少し丸めるように意識すると、おなかに力を入れやすくなる。

効くツボ 3

手はまっすぐに伸ばし耳の真横にあげるようにする

け のびをするとき、手は肩幅に開き、耳の真横にあげるようにしてみよう。耳よりも上にあげて、水の上に手があがってしまうと、下半身が沈んでいってしまう。手を水の中に入れ、耳よりも下にしてみると、下半身が浮きあがってくる。

やってみよう

枕の上にうつぶせに寝る

けのびをするときの、背中の形をイメージするために、枕の上に胸をおくようにして、ダランとうつ伏せで寝てみよう。手と足は肩幅に開き、自然に伸ばしておく。

できないときはここをチェック ✓

けのびをするとき、手の位置が耳の真横になっているかチェックしてみよう。手が上にあがっていると足が沈んでしまうので注意しよう。

壁をキックして
けのびの姿勢を確認する

 ココが 直る 無駄のない姿勢でけのびができているかを確認する方法がわかる。

正しいけのびの姿勢で
壁をキックしてみよう

　正しいけのび姿勢ができて
いれば、壁をキックして進ん
だとき、**3mから5m進む**
ことができる。途中でブレー
キがかかったように進まなく
なってしまうのは、姿勢がう
まくできていないからだ。も
う一度けのびの姿勢を確認し
てみよう。

　指先をそろえて、手は耳の
真横の高さでしっかり前に伸
ばす。足はまっすぐに伸ばし、
沈まないようにする。後頭部
まで水の中に入れ、真下を見
て顎を引くようにしてみよう。

 効くツボ
1. 壁をキックしてけのび
2. 足はまっすぐに浮かせる
3. 3〜5m進む

効くツボ 1

姿勢をチェックするため
壁をキックして、けのびをする

正しいけのびの姿勢ができているかチェックするため、膝を曲げおなかの方に近づけて、壁をキックしてみよう。指先をそろえて、手を耳の真横で保ち、しっかりと前に伸ばすようにすると、足が沈むこともなく前に進むことができる。

効くツボ 2

キックした足を伸ばし
まっすぐに浮かせる

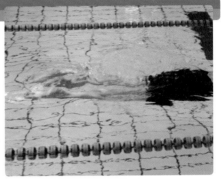

壁をキックしたあと、膝を伸ばし、足をまっすぐにして浮かせてみよう。つま先を伸ばして、足が沈まないように、手を耳の真横で伸ばすようにする。足が沈んでしまうときは、手を耳より低い位置にすると足が浮かんでくる。

効くツボ 3

壁をキックして
3 mから 5 m進めば正しい姿勢

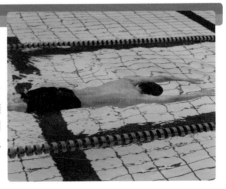

壁をキックして、正しい姿勢でけのびができていれば、3 mから5 m進むことができる。頭があがらないように、視線を真下に向け、顎を引き、背中から後頭部までを一直線にして水の中に入れて、けのびをしてみよう。

Let's やってみよう

足を押してもらい姿勢確認

壁をキックすることができない人は、誰かに足を押してもらい、正しいけのびの姿勢ができているか確認してみよう。けのびの姿勢で浮き、足の裏を押してもらう。

できないときはここをチェック ☑

けのびの姿勢で3m以上進んでいるかチェックしてみよう。途中でブレーキがかかるように進まなくなるときは、負荷がかかっているので姿勢を確認してみよう。

正しい背浮きの姿勢を覚えよう

> 💡 **ココが直る** クロールのローリングに必要な背浮きの正しい姿勢がわかる。

**手と足には力を入れず
背中を丸めるように浮く**

クロールのローリングに必要な、**正しい背浮きの姿勢**を覚えよう。

顔は真上を向き、ほっぺたの横が水のラインにくるように、**耳まで水につける**ようにする。

頚椎から後頭部までは一直線になるようにし、顎を引き、**胸は張り過ぎない**ように、背中を少し丸めるように意識してみよう。

膝から下が水の中に入るように足は自然に伸ばしておく。

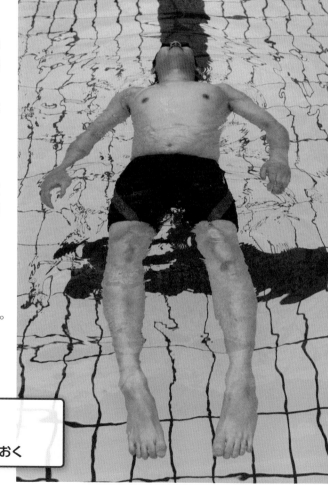

> **効くツボ**
> 1. 耳まで水につける
> 2. 背中を少し丸める
> 3. 足は自然に伸ばしておく

効くツボ **1**

耳まで水につけ
顎を引いておく

背 浮きでは、ほっぺたの横が水のラインにくるように、耳まで水につけるようにしてみよう。真上を向き、頚椎から後頭部までが一直線になるように、顎を引いておく。顎があがっていると、鼻に水が入るので注意しよう。

効くツボ **2**

おなかをへこませるようにして
背中を少し丸める

背 浮きの姿勢で泳ぐときは、おなかを引き締め、背中を少し丸めるようにして、胸を張り過ぎないように意識してみよう。背浮きの姿勢を練習するときは、手を自然におろして水の中に入れ、身体のバランスをとるようにしてみよう。

効くツボ **3**

膝から下が水の中に入るように
足は自然に伸ばしておく

背 浮きの姿勢を練習するとき、膝から下は水の中に入ってしまってもいいので、自然に伸ばすようにしてみよう。じっとしていると、だんだんと足が沈んでいってしまうこともあるが、無理に浮かそうと力を入れないようにする。

Let's やってみよう
ビート板を抱きかかえる

背浮きをしていて、どうしても沈んでしまう人は、胸のあたりでビート板を抱きかかえるように持ってみよう。背浮きの姿勢で身体が水に浮く感覚をつかめるようになる。

できないときはここをチェック ✓

背中を反っていないかチェックしてみよう。膝から下を水の中に入れようと意識しすぎると、背中が反ってしまうので、背中を丸めるようにする。

知っているとひとつトクをする

身体に健康をもたらす

水のマジカルパワー
RANKING

『水の特性』があなたの身体にたくさんの健康を与えてくれます。
水が及ぼす不思議な力を知っていますか。

1 ### 熱代謝をあげる
水に入ると体温はさがります。それに反応し、身体は熱をあげようと熱代謝があがるのです。

2 ### 水圧はお腹を引き締める
水圧はおなかや身体を圧迫します。つまりがんばっておなかを引かなくても、自然に押さえられるのです。

3 ### お肌をつやつやさせる
水の摩擦が、肌を滑らかにします。長く水泳をしている人は、身体に水をかけたときに、水のはじき具合が違います。

4 ### マシーントレーニング
水の中では、自分の出した力に対しての負荷がかかってきます。水の抵抗は、自分の力にあった『マシーントレーニング』です。

5 ### 血液循環をよくする水圧
水の中では水圧に助けられて、陸上よりも血液循環がよくなります。水泳は肩こりや腰痛解消にとてもいいのです。

プールの噂 水が身体にいい理由

水の熱伝導率は空気の28倍です。体温より温度が低いプールに入ると、急激に体温が奪われます。そのため、身体は熱をあげようと熱代謝があがるのです。

水の中では、自分の出した力に対してそのまま負荷がかかってきます。速く動けば、強い負荷、ゆっくり動けば軽い負荷。筋肉を引き締めたい人は、短距離を速く泳ぐと効果があります。

心臓が収縮し送り出された血液は、身体の隅々までまわり、心臓にかえってくるまで、筋肉の収縮が必要になります。水の中は水圧に助けられるため、陸上よりもスムーズに血液が流れていくのです。

クロールを楽に泳ぐための

手の使い方と
キック

クロールで長距離を泳ぐために必要な、
入水や水のキャッチ、リカバリーなどの腕の動かし方と
身体のバランスをとるキックの仕方を覚えよう。

クロールの入水は
肘を立て、指先を下に向ける

> **ココが直る** クロールの入水の仕方がわかり、水をキャッチしやすくなる。

指先をそろえ
斜め下に向けて深く入水しよう

クロールで泳ぐときの入水は、**中指、人差指、薬指から斜め下に向けて、**まっすぐに手を入れてみよう。

肘を立てた状態で、水面から 30cm ぐらい下を目指して、頭の真上から深く入水する。

肩を背中から持ちあげるようにして、肘を立てると、指先から深く入水することができる。

おなかを引き締め、背中を少し丸めるような姿勢でやってみよう。

 効くツボ
1. 指をそろえ斜め下に入水
2. 肘を立てて入水する
3. 肩を背中から持ちあげる

効くツボ 1

中指、人差指、薬指から斜め下にまっすぐに入水

入水するときは、中指、人差指、薬指から、斜め下に向けて頭の真上からまっすぐに入れるようにしてみよう。脇をあけ、肘を曲げた状態で、肘から指先までを一直線にしておく。指先を反らないように注意する。

効くツボ 2

肘を立てて水面から 30cm 下を目指して入水

クロールの入水は、頭の真上から斜め下、水面から 30cm ぐらい下を目指して、まっすぐに入れてみよう。肘を立てた状態で、肩を入れながら深く入水する。肘をあげにくい人は、人差指の方から入水してみると、スムーズな動きになる。

効くツボ 3

背中を少し丸めるようにして肘をあげる

入水するとき、肩がさがっていると肘があがりにくくなるので、肩を背中から持ちあげるように動かしてみよう。腹圧をあげ、背中を少し丸めるようにするとうまくできる。足はバランスをとるように自然に伸ばしておく。

やってみよう

敬礼をしてから入水する

入水するときの手の角度を覚えるため、水をキャッチして、肘を後ろに伸ばした状態から、敬礼のように指先をそろえて頭の横に手をおいたあと、斜め下に向けて入水する練習をしてみよう。

できないときはここをチェック ☑

入水の手の角度をチェックしよう。指先を前に向けて、水面にそうようなキャッチアップでは、肘があがらないので、下を向けるようにする。

指先をそろえ
水をキャッチする

> **!ココが直る** クロールを泳ぐとき、水をしっかりキャッチできるようになる。

指先をそろえ
水をしっかりキャッチしよう

クロールの手の動きを覚えるため、**水を手のひらでしっかりとらえ**、前に進む練習をしてみよう。

顔を水につけたまま、犬かきをするようにして、水をキャッチする。指先をそろえて腕をまっすぐに伸ばし、水を下にかき込む。**脇をあけ、肘から下を動かす**ようにして、続けてかいてみよう。

おなかを引き締め、足は自然に伸ばし、バランスをとるようにしておこう。

効くツボ
1. 指先をそろえて伸ばす
2. 指先を下に向けてキャッチ
3. 足でバランスをとる

効くツボ 1

指先をそろえて腕をまっすぐに伸ばす

顔を水につけたまま、犬かきをするように水をキャッチする練習をしてみよう。水をキャッチする手は指先をそろえ、肩から肘、指先までをまっすぐ前に伸ばす。このとき水をしっかりとらえるため、指先が反り返らないようにする。

効くツボ 2

指先を下に向け水をキャッチする

そろえた指先を下に向けて、脇をあけた状態で、肘から下を動かすように、水を下にかき込んでみよう。肘をしっかり立て、上にあげるようにして水をキャッチすると、指先が下を向くようになり、前に進みやすくなる。

効くツボ 3

腹圧を高め足はバランスをとるように伸ばす

水をキャッチする練習をしているとき、足はバランスをとるように自然に伸ばしたままにしておこう。頭から背中を一直線に伸ばし、腹圧を高め、背中を反らないように注意する。背中を少し丸めるようなイメージにするとうまくいく。

やってみよう
顔を水につけないで犬かき
顔を水につけたまま水をキャッチすることができない人は、顔を水の上に出して、犬が泳いでいるように犬かきをやってみよう。体が反り返らないように注意して練習してみよう。

できないときはここをチェック ✓
前に進んでいるかチェックしてみよう。指先が横を向いていたり、指の間があいていると前に進まないので、指先はしっかりそろえて、下に向けておこう。

09 ▶▶▶ クロールの腕の動き

身体の中心を通り
太ももの近くまで水を押し出す

> **！ココが直る** キャッチした水を身体の中心を通り、足の方まで押す方法がわかる。

太ももの前まで
水を押し出してみよう

　犬かきのように水をキャッチしたあと、**身体の中心ラインを通り**、手のひら全体で水を胸の方にかき込み、そのまま**太ももの前まで水を押し出して**みよう。

　太ももの方まで水をかいたら、肘がまっすぐになるまで**しっかり腕を伸ばし**、水を押し出すようにする。

　指先をそろえ、手のひらが反り返らないように注意して、すばやく手を動かす練習をしてみよう。

> **効くツボ**
> 1. 水を胸の方にかき込む
> 2. 太ももの前まで水を押す
> 3. 肘をまっすぐ伸ばす

効くツボ **1**

身体の中心ラインを通って
水を胸の方にかき込む

犬かきをするように、水を手のひらでしっかりキャッチしたら、身体の中心ラインを通って、水を胸の方にかき込んでみよう。指先をそろえ、反らさないように注意する。サッカーボールを自分の方に抱きかかえるようなイメージで手を動かしてみよう。

効くツボ **2**

手のひら全体で
太ももの前まで水を押し出す

脇をあけ、肘を90度ぐらいに曲げて、手のひら全体で足の方に水を押し出してみよう。太ももの前まで手を持っていくようにする。水をかいている手で太ももを一度触るようにすると、後ろまで手を動かすイメージをつかみやすい。

効くツボ **3**

肘がまっすぐになるまで腕を伸ばし
水を押し出す

水をキャッチした手が身体の中心を通り、太ももの前まで水をかいたら、肘がまっすぐになるまで腕を伸ばし、しっかり水を押し出してみよう。太ももに親指が触れるぐらい身体の近くを通るようにするとうまく前に進むことができる。

☞やってみよう

ボールを後ろに投げる

サッカーボールの上に手を置き、ボールを向こう側に押すようにして手が真下に向いたら、ボールを抱えるように身体に近づけ、後ろに投げる練習をしてみよう。

できないときはここをチェック ☑

太ももの前まで水をかいているかチェックしてみよう。おなかの前までかいて手を戻してしまうと、前に進みにくくなるので注意しよう。

10 ▶▶▶ クロールの腕の動き

自分にあった
水のかき方を見つける

> **ココが直る** クロールで泳ぐとき、自分にあった水のかき方を見つけられる。

**動かしやすい自分にあった
水のかき方を探してみよう**

クロールで泳ぐとき、水のかき方には3通りの方法がある。

深く入水する**縦のS字**、一度水を横にかき身体の中心に手を戻す**横のS字**、ボールを手前に引くように**まっすぐに腕を動かす**方法のいずれかだ。自分の動かしやすいかき方を覚えれば、長時間疲れずに泳ぐことができるようになる。

入水の基本はどれも同じ。中指、人差指、薬指の3本の指から入水し、斜め下約30度に向けて深く入れるようにする。

> **効くツボ**
> 1. 深く入水し縦のS字をかく
> 2. 横にかき横のS字をかく
> 3. まっすぐかく

効くツボ 1

手をさらに深く入れ
縦の S をかく

指をそろえ、肘を立てた状態で、水面から斜め下にまっすぐに入水した後、さらに深いところまで手を伸ばしたあと、いっきに胸まで引きよせて、太ももの前まで手を持ってくる。縦の S 字をかくように手を大きく動かしてみよう。

効くツボ 2

入水した手を一度横にかき
横の S 字をかく

腕の力が弱く、水をかく力の小さい人が、力のある人と同じように推進力をえるために、横の S 字をかくように手を動かしてみよう。入水したら平泳ぎのように横に水をかき、その後おなかの下に手を戻し、太ももの前まで手を持っていく。

効くツボ 3

サッカーボールをかかえるように
まっすぐに水をかく

入水したら、指先を下に向けたまま、まっすぐおなかの方に手を引きよせ、太ももの前まで水を押していく。サッカーボールを手のひらで手前に引きよせ、足の後ろの方に投げるようなイメージで水をかいてみよう。

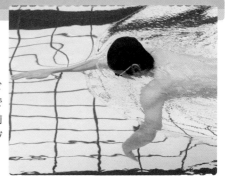

🖐やってみよう
平泳ぎのように手を動かす

クロールの手のかき方をイメージするため、両手を前に伸ばした状態から、平泳ぎのように横に水をかいたあと、おなかの下に手を戻し、後ろに押すという手の動きを練習してみよう。

できないときはここをチェック ☑

入水するときの姿勢をチェックしてみよう。腰がふらふらしたり、進む距離が短いのは、背中が反っているためだ。背中を少し丸めるようにしてみよう。

11 ▶▶▶ クロールの腕の動き

陸上でリカバリーの
腕の動きを練習してみよう

⚠ ココが 直る プールの中での手の動きを、陸上で確認するやり方がわかる。

水の中をイメージして 手の動きを確認しよう

水中でリカバリーをする手の動きをイメージするため、陸上で練習してみよう。

腹圧をあげ、背中を丸めるように上半身を少し前にたおして、下を向いたまま、手を前後に開く。

前に伸ばした手は、耳の横につけるようにして、後ろの手は、肘をしっかり伸ばしておく。

前後に伸ばした手を同時に動かし、脇の横で一度止めて前後の手を入れ替えてみよう。

効くツボ
1. 前後に手を開く
2. 脇の横で手を止める
3. 水の中をイメージする

効くツボ 1

背中を丸めるようにして
手を前後に開く

陸 上でリカバリーの腕の動きを覚えるため、腹圧をあげ、背中を少し丸めるようにして立ち、下を向いたまま、手を前後に開いてみよう。前に伸ばした手は、耳の横につけるようにして、指先をそろえて、肘をしっかり伸ばしておく。

効くツボ 2

脇の横で止めて
前後の手を入れ替える

後 ろに伸ばしている手を、脇の横で一度止めて、前に伸ばす。前に伸ばしている手も同じように脇のところで一度止め、後ろに伸ばすという練習を繰り返してみよう。慣れてきたら、前後の腕を同時に動かし、脇の位置で止めて入れ替える練習をしてみよう。

効くツボ 3

水の中をイメージして
動きを練習する

前 に伸ばした手は、指先をそろえて下に向け、水をしっかりキャッチするイメージで、おなかの近くまで引きよせて、脇の近くを通って後ろに押していく。プールの中で手を動かしているイメージで指先や手の向きに注意して、動きを練習してみよう。

Let's やってみよう
床に寝転んでリカバリー

リカバリーのイメージをつかむため、うつ伏せで床に寝ころがり、片手で床を押すように前に進む。身体の近くで指先を床にこするようにして、手を前に戻す練習をしてみよう。

できないときはここをチェック ☑

顔の向きをチェックしてみよう。顎をあげて正面を見ていると、プールの中でのイメージをつかみにくいので、下を見るようにしよう。

12 ▶▶▶ クロールの腕の動き

肩に負担のかからない
クロールのリカバリー

> 💡 ココが直る 肩に負担のかからないリカバリーの手の動かし方がわかる。

**手の甲で水面をするように
肘を曲げてリカバリーする**

太ももの前まで水をかき、足の後ろに押し出した後、肩に負担をかけないように、**楽に腕を運べるリカバリー**の方法を練習しよう。

肘をしっかり曲げて、**手の甲で水面をすりながら**前に持っていく。

手をできるだけ身体から離さないようにするために、親指が身体をかすめるようにしてみよう。

後頭部（こうとうぶ）から背中は一直線にのばし、顎（あご）を引き、足は自然に開いておく。

 効くツボ
1. 手の甲で水面をする
2. 親指が身体にかする
3. 肩に負担をかけない

効くツボ 1

手の甲で水面をすりながら
手を前に持っていく

身 体の中心を通って、太ももの前まで水をかき、足の後ろまでしっかり水を押し出した後、肘を曲げて手の甲で水面をすりながら手を前に持っていく。手のひらを後ろに向け、手首を自然に曲げるようにしてやってみよう。

効くツボ 2

肘をしっかり曲げ
親指で身体をかすめるようにする

ク ロールのリカバリーでは、手をできるだけ身体の近くに通すために、親指を身体にかするように動かしてみよう。肘をしっかり曲げて、指先をそろえたまま、身体にそって手を動かし、次のキャッチにつなげていくようにする。

効くツボ 3

身体の力をぬき
肩に負担をかけないようにする

リ カバリーをするときの姿勢は、後頭部から背中にかけて一直線にのばし、顎を引き、足は自然に開いておく。肩に負担をかけないように、腕を運ぶことが大切だ。リカバリーで前に戻した手はしっかりのばし、キャッチの動作に入っていく。

やってみよう

クモのように歩いてみよう

リカバリーの手の動きを練習するために、手首まで水に入れた状態で、クモが足を動かすようなイメージで、手の甲で水面をするようにしながら歩いてみよう。

できないときはここをチェック ☑

手首の角度と手の通る位置をチェックしよう。手の甲が水面につくようにして、手が身体から離れすぎないように注意しよう。親指で身体を触るようにする。

13 ▶▶▶ クロールの腕の動き

肘を高くあげて
動きの大きなリカバリー

> 💡 **ココが直る** 肘を高くあげ、大きな動きのリカバリーができるようになる。

**肘を高くあげ
指先で水面をするリカバリー**

　手の甲で水面をする肩に負担をかけない、リカバリーができるようになったら、さらに肘(ひじ)をあげて、**手の指先で水面をする**大きな動きのリカバリーを練習してみよう。

　肩を耳につけるように**肘をしっかりあげる**と、スムーズに手を前に運ぶことができるようになる。

　足は手の動きにあわせてバランスをとるように、自然に動かしておく。

 効くツボ
1. 指先で水面をする
2. 肩を耳につける
3. 足でバランスをとる

効くツボ 1

手首を伸ばして
手の指先で水面をする

足の後ろまで水を押し出したあと、肘をしっかり曲げ、肩をあげて、手の指先で水面をするようにして、手を前に戻してみよう。指先をしっかり伸ばして、手首を曲げないようにリカバリーして、次のキャッチにつなげていく。

効くツボ 2

肩が耳につくように
肘をしっかりあげる

リカバリーのとき、肩が耳につくように肘をしっかりあげると、スムーズに手を前に運ぶことができるようになる。肩が痛いときや肘があがらないときは、親指を前にして、手のひらを自分の方に向けると、肘をあげやすくなる。

効くツボ 3

足は自然に動かし
身体のバランスをとる

キックは無理にうつことはせず、手の動きにあわせてバランスをとるように自然に動かしてみよう。顔は真下に向けて、顎を引く。腰が不安定にゆれないために、背中を少し丸めるようにして、おなかに力を入れる姿勢を保つようにしよう。

Let's やってみよう
陸上でリカバリーの練習

陸上で立ったまま上半身を前にたおし、両腕を前に伸ばす。片方の手の親指で脇を触って後ろに手を伸ばし、もう一度、脇を触って前に戻すという練習を繰り返してみよう。

できないときはここをチェック ☑

手のひらの向きをチェックしてみよう。肩が痛くて肘をあげられないときは、手のひらを身体の方に向けておくと、肘があがりやすくなる。

14 ▶▶▶ クロールの腕の動き

楽に腕を動かす
リラックスした身体のライン

 ココが直る クロールでリラックスした姿勢を保つ腕の動かし方がわかる。

**身体をリラックスさせ
腕を自然に動かしてみよう**

クロールを泳ぐとき、**楽に腕を動かせるような身体のラインをキープ**しておこう。

後頭部から背中を一直線にして、顎（あご）を引き、頭がさがりすぎないように注意する。

腕の動きは、脇（わき）を天井に向けるように、肘（ひじ）をあげてみよう。腕は高くあげず、肘だけがあがっている状態にする。

入水後は、自然に体重をかけるようにして、肩をかたむけるようにする。

 効くツボ
1. 後頭部と背中を一直線
2. 脇を天井に向ける
3. 入水は自然に体重をかける

効くツボ **1**

後頭部から背中にかけて
一直線にのばす

クロールを泳ぐとき、腕を楽に動かせるように、リラックスした身体のラインをキープしてみよう。後頭部から背中にかけて一直線になるようにのばし、顎を引くようにする。顔は真下に向けて、頭がさがりすぎないように注意しておこう。

効くツボ **2**

脇を天井に向け
肘を曲げ、肩を持ちあげる

脇を天井に向けるように肘を曲げて、肩を持ちあげる。肘を伸ばしたまま腕を高くあげないように注意しておこう。肩に負担がかかってしまうときは、手を横に動かして、身体から少し離すようにしてみると楽に動かすことができる。

効くツボ **3**

入水する手の重さで
肩をかたむける

入水後は、肘を伸ばし、肩をかたむけるように自然に体重をかけてみよう。無理に押そうとせず、入水した手の重さで、肩をかたむけるようにすると、楽に腕を動かすことができる。指先をそろえ、反り返らないようにしておく。

Let's やってみよう
全身をゆらしてリラックス

体をリラックスさせるため、手は自然におろし、足の力をぬいた状態で、ぶるぶるぶると全身をゆらしてみよう。全身の緊張がぬけ、リラックスすることができるようになる。

できないときはここをチェック ☑

腰が反れていないか、足に力が入っていないかをチェックしてみよう。身体が緊張しているとうまくできないのでリラックスした姿勢を保つようにする。

身体をリラックスさせる
腕の動作を覚えよう

 ココが直る 身体をリラックスさせて、腕を前後に伸ばす方法がわかる。

身体をリラックスさせ腕を前後にストレッチ

　全身をリラックスさせた状態で、腕を前後にしっかり伸ばしてみよう。

　入水する手は、**脇をストレッチするように斜め下に向け、**しっかり伸ばす。足の後ろまで水を押し出した手は、**肩をストレッチする**ようにしてみよう。

　身体の近くを通るようにして、**前後に伸ばした腕をいっきに交替させる。**

　腹圧をあげた状態にすると、胸にたくさんの空気が入り、リラックスしやすくなる。

 効くツボ
1. **脇をストレッチ**
2. **肩をストレッチ**
3. **いっきに手を交替させる**

効くツボ 1

脇をストレッチするように
前に手を伸ばす

ク ロールで入水する手は、手の重さにまかせて、斜め下に向けて深く入れる。指先をそろえ、肘を伸ばして、脇をストレッチするように、しっかり伸ばしてみよう。指先が反り返らないように注意しておこう。

効くツボ 2

肩をストレッチするように
後ろに腕を伸ばす

身 体の中心に向けて水をかいた手を、足の後ろまで、肩をストレッチするようにしっかり伸ばしてみよう。足は身体のバランスをとるように自然に伸ばし、腹圧をあげ、腕を前後にストレッチするようにしてみよう。

効くツボ 3

前後に伸ばした手を
いっきに交替させる

前 後にストレッチするように腕を伸ばした状態から、手をいっきに交替させてみよう。脇をあけ、肘をあげて、身体の近くを通るように、脇を一度触るようなイメージで動かすようにする。身体をリラックスさせてやってみよう。

やってみよう
ふし浮きで全身リラックス

全身をリラックスさせるために、息をたくさん吸い、ふし浮きをする。息を5秒ぐらい止め、手や背中、足など全身に力を入れて身体を緊張させたあと、息を吐きながら一気に力をぬいてみよう。

できないときはここをチェック ☑

入水する手首の角度と水面からの深さをチェックしてみよう。肩が緊張していることが多いので、指先を自然に下に向けて、深く入水する。

キックはがんばらない
歩くように動かしてみよう

> 💡 **ココが直る** キックを無理にうたずに、足を自然に動かせるようになる。

歩くようなイメージで足を上下に動かしてみよう

キックはたくさんの筋肉を使うため、長い距離を泳ぐとき、無理にうとうと意識していると疲れて続かなくなってしまう。

手の動きにあわせて一緒に動かす程度にして、**身体のバランスをとるように自然に浮かせて**おこう。

足のつけ根を上下に動かし、歩くようにキックをしてみよう。

膝は力を入れずに、足を上下に動かすときに自然に曲がるように伸ばしておく。足首の力もぬいておこう。

効くツボ
1. **キックはがんばらない**
2. **足のつけ根を動かす**
3. **膝と足首の力をぬく**

効くツボ **1**

キックはがんばらないで
体のバランスをとるように動かす

キックはたくさんの筋肉を使うため、長く泳ぐときにがんばってうっていると、疲れて続かなくなってしまう。身体のバランスをとるように自然に浮かせ、手の入水にあわせて歩くようなイメージで上下に動かしてみよう。

効くツボ **2**

足のつけ根だけを
上下に動かす

キックする足は、足のつけ根だけを上下に動かすようにして、股関節とお尻に意識をおくようにしてみよう。全身のバランスをとるために、力を入れずに、自然に上下させ、歩くようにゆっくりと動かしてみよう。

効くツボ **3**

膝と足首はリラックスさせ
自然に伸ばしておく

キックをするとき、膝は無理に曲げたり伸ばしたりせず、つねにリラックスさせておく。足のつけ根を上下に動かしたとき、自然に曲がるように力を入れないでおこう。足首の力もぬき、内股かげんに自然に伸ばしておこう。

Let's やってみよう

ふし浮きでその場歩き

キックの足の動きをイメージするため、ふし浮きの状態で、歩くように足を上下に動かしてみよう。前に進まず、その場歩きをするように、ゆっくりと自然に動かしてみよう。

できないときはここをチェック ☑

膝を曲げてキックをうっていないかチェックしてみよう。足は力を入れず、身体のバランスをとり、歩くように動かす。

手を動かしながら
キックしてみよう

 ココが直る 手の動きにあわせて、足をおろすタイミングがわかるようになる。

手の動きにあわせて
足は自然に動かそう

手の動作を加えてキックの練習をしてみよう。

手をかき終わる**フィニッシュのタイミングに足をおろす**。膝に力を入れて伸ばそうとせず、おろすときに自然と曲がるようにする。

入水と同時に、反対の足を蹴りおろすように動かしてみよう。

体が開かないように、足でバランスをとるイメージだ。

足のつけ根から上下に歩くように動かしてみよう。

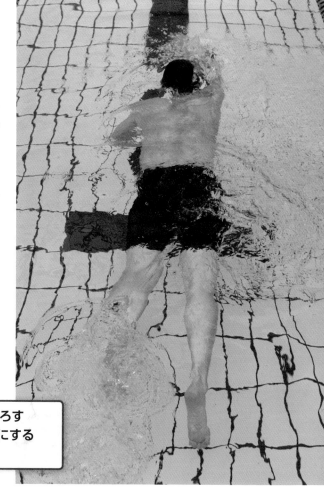

効くツボ
1. 手にあわせて足をおろす
2. 身体を開かないようにする
3. 身体を安定させる

効くツボ 1

手の動きにあわせて
足を蹴りおろす

身 体の中心を通り、太ももの前から足の後ろの方に、水を押し出すフィニッシュのタイミングにあわせて、足を蹴りおろしてみよう。膝に力を入れて無理に伸ばそうとせず、おろすときに自然に曲がるように力をぬいておく。

効くツボ 2

体が開かないように
足でバランスをとる

手 を動かしながらキックをするとき、水の中に手を入れると同時に、入水した手と反対の足を蹴りおろすように動かしてみよう。体が開かないように、足でバランスをとるようなイメージで、足のつけ根からゆっくりと上下に歩くように動かす。

効くツボ 3

後頭部から背中を一直線にして
顎を引く

腕 を動かすとき、身体が不安定にならないように、後頭部から背中に一本芯が通っているように一直線にしておこう。顎を引き、顔は真下に向け、頭をあげないように注意しておく。腹圧をあげて、背中を少し丸めるようにすると、身体が安定する。

やってみよう
歩きながら手を動かす

足と手の動きのタイミングをあわせるため、陸上で歩きながら手を動かす練習をしてみよう。足を前に出すと同時に反対の手を前に伸ばし、歩きながら手をかえていく。

できないときはここをチェック ☑

入水したときの後ろの手が、太ももに触っているかをチェックしてみよう。上にあがってしまうと、バランスがくずれてキックできなくなってしまう。

18 ▶▶▶ クロールのキック

横向きで浮かび
足を前後に動かしてみよう

> **ココが直る** 横向きになったとき、足を前後にゆっくりと動かす方法がわかる。

股関節から足を前後に
ゆっくり動かしてみよう

　クロールで横向きになったときのキックを練習してみよう。

　片手は耳の横につけ、もう一方の手は身体にそわせるように伸ばし、**身体を水平にして**浮かんでみよう。

　手のひらを下に向けて、**水を上からおさえる**ようなイメージで伸ばしておく。

　背中のほうからサッカーボールを蹴るようにゆっくり動かす。

　膝(ひざ)と足首をリラックスさせて、股関節(こかんせつ)から前後にゆっくりと動かしてみよう。

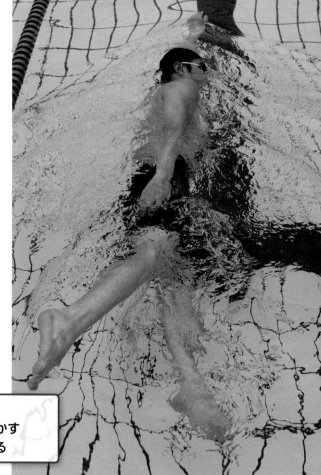

 効くツボ
1. 耳の横に腕をつける
2. 股関節から前後に動かす
3. 手のひらを下に向ける

効くツボ **1**

片手を耳の横に伸ばし
水面と平行になるように浮かぶ

横向きのキックを練習するときは、片手は耳の横につけ、もう一方の手は身体にそわせるように伸ばしておく。水面に対して身体を水平にして浮かび、顔は無理にあげず、少し沈んでもかまわないので、腕の上に自然におくようにしてみよう。

効くツボ **2**

股関節から前後に
ゆっくりと動かす

身体を横向きにしたときのキックは、背中の方からサッカーボールを蹴るように大きく動かしてみよう。膝と足首をリラックスさせて、自然に曲げておく。股関節からゆっくりと前後に動かしてみよう。

効くツボ **3**

手のひらを下に向けて
水を上からおさえる

前に伸ばした腕は指先をそろえ、耳の後ろにつけるようにしておく。手のひらを下に向けて、水を上からおさえるようなイメージで伸ばしてみよう。後ろに伸ばしている手は、身体にそわせるようにつけておこう。

やってみよう
床の上で足を前後に動かす

サイドキックをイメージするために、床に横向きで寝て、足を前後に動かしてみよう。サッカーボールを足の甲で前に蹴るように、股関節からゆっくりと前後に動かす。

できないときはここをチェック ☑

耳と肩が一直線になっているかチェックしてみよう。肩が顎の下や、背中の方にずれないように、耳の下にキープしよう。

19 ▶▶▶ クロールのキック

正しい姿勢で背浮きをして
膝(ひざ)から下でキックする

ココが直る 背浮きの正しい姿勢と、膝下でキックする方法がわかる。

膝から下を動かして
上に蹴りあげてみよう

　正しい背浮きの姿勢で、膝から下を動かして、水の中でキックする練習をしてみよう。

　頭は耳の前まで水につけるようにして、真上を見て顎(あご)を引く。腹圧をあげて、背中を少し丸めるようにしてみよう。

　手を身体にそえて、**緊張しない『気をつけ』の姿勢**で、足を動かすときに自然にゆれるように伸ばしておく。

　キックは、膝から下だけを使い、ボールを真上に蹴るようにして足をあげてみよう。

効くツボ
1. 耳の上まで水につける
2. 手は自然に伸ばす
3. 膝から下を蹴りあげる

効くツボ 1

耳の上まで水につけるようにして真上を見る

背 浮きの姿勢は、頭を耳の前まで水につけるようにして、真上を見て顎を引いておく。背中を反りすぎないように注意して、腹圧をあげ、背中を少し丸めるようなイメージで、頭から背中にかけて一直線に伸ばしておこう。

効くツボ 2

緊張しない『気をつけ』の姿勢で手は自然に伸ばしておく

手 のひらを下に向け、身体に軽くそえて、緊張しない『気をつけ』の姿勢で浮かんでみよう。手は指先をそろえて、足を動かすときに一緒にゆれてもいいので、自然に伸ばしておくようにする。足は水の下の方に沈めるようにしておこう。

効くツボ 3

膝から下を動かして真上に蹴りあげる

背 浮きのキックは、膝から下だけを使って、サッカーボールを真上に蹴るようにして、足をあげてみよう。水面近くまで足を蹴りあげる必要はないので、足を下の方に沈めて、少し前方に押し出すようなイメージでキックしてみよう。

♪やってみよう
膝下だけで蹴る練習

膝下だけで蹴るイメージをつかむため、陸上で膝から下だけを動かして、前に蹴り出す練習をしてみよう。椅子に座って、足の前にダンボール箱などをおき、膝下だけで蹴ってみる。

できないときはここをチェック ☑

膝の位置をチェックしてみよう。膝が曲がって水の上にあがっていると、姿勢が悪くなり沈んでいってしまう。骨盤から膝までを伸ばしておこう。

20 ▶▶▶ クロールのキック

腕を上に伸ばして
背浮きでキックする

> **!ココが直る** 片手を上に伸ばした背浮きの姿勢で、膝下でキックする方法がわかる。

耳の後ろに手を伸ばし
背浮きの姿勢でキックする

　背浮きの姿勢で片手を耳の後ろでしっかり伸ばして、膝下を使いキックする練習をしてみよう。

　後頭部から背中を一直線にして、顎を引き、おなかを引き締め、**背中は少し丸める**ようにしてみよう。

　上に伸ばした手は、つねに水の中に入っている状態をキープして、下におろしている手は、体にそわせるようにリラックスさせておく。

　膝から下を水面近くまで蹴りあげるように動かしてみよう。

 効くツボ
1. 耳の後ろに手を伸ばす
2. 膝下で水面まで蹴る
3. 腰を反らさない

効くツボ 1

耳の後ろに手をつけて
まっすぐに伸ばす

背 浮きの姿勢で、片手を耳の後ろにつけてまっ すぐに伸ばしておく。手と耳は水の中にいつ も入っている状態にしておこう。手のひらを上に向 けて、指先は軽く伸ばしておく。視線を真上に向け て、顎を引き、頭から背中にかけて一直線に伸ばし ておこう。

効くツボ 2

膝から下を
水面近くまで蹴りあげる

背 浮きの姿勢で片腕を上に伸ばしたまま、膝か ら下を水面近くまで、ゆっくりと蹴りあげて みよう。キックするときは、股関節から膝までをあ まり動かさないようにして、膝から下だけを真上に 蹴りあげるようにするとうまくできる。

効くツボ 3

おなかを引き締めて
背中を少し丸める姿勢を保つ

背 浮きの姿勢は、腰が反りやすいので、おなか を引き締めて、背中を少し丸めるようにして おくと、まっすぐに姿勢をキープできる。上に伸ば していない方の手は、手のひらを下に向けて指先を 軽く伸ばし、身体のそばでリラックスさせておく。

やってみよう
両手を上に伸ばしてみよう

背浮きの姿勢で、両手を重ねて上に伸ばして、 キックの練習をしてみよう。両腕を耳の後ろに 伸ばし、頭をはさむようにしておき、膝から下 だけでキックする。

できないときはここをチェック ☑

腰が反れていないかチェックしてみよ う。足が沈み、肩が緊張して、姿勢が くずれてしまうので、背中から腰は少 し丸めるようにしてみよう。

21 ▶▶▶ クロールのキック

キックを組みあわせて
身体を自由にコントロールする

ココが直る キックを組みあわせることによって、身体を回転させる方法がわかる。

**片手を上に伸ばし
身体をローリングさせてみよう**

けのびキックの状態から横向きキック、背泳キックと連続して行い、身体を**自由にコントロール**してみよう。呼吸をするためのローリングの練習になる。

キックは無理にうとうとせず、歩くようにゆっくりと動かし、上に伸ばしている手は、いつも耳につけるようにしておく。

横向きから背浮きに移ったとき、顔が沈むことがあるが、正しい背浮きの姿勢ができていれば、自然と顔が浮きあがってくるのであわてないようにしよう。

効くツボ
1. 歩くようにキックする
2. 手を耳につけておく
3. 無理に顔をあげない

効くツボ 1

歩くように足をゆっくりと動かし
身体を横向きにかえていく

片 手を上に伸ばして、足のつけ根を上下に動か
し、歩くようにキックをしてみよう。足はバ
タバタと動かさず、ゆっくりと大きく、膝や足首に
力を入れないで、動かすようにする。ふし浮きの状
態から体を徐々に横向きにかえていってみよう。

効くツボ 2

つねに手を耳につけて
おくようにする

身 体が横向きになったら、上に伸ばした手を耳
の下にキープして、もう一方の手は体にそわ
せるようにつけておく。足のつけ根を前後に動かし、
背浮きの状態に移っていく。手はいつも耳から離れ
ないようにしておこう。

効くツボ 3

背浮きの姿勢になったら
無理に顔をあげない

背 浮きキックに移行したとき、はじめは顔が沈
んでしまうこともあるが、姿勢が整えば、顔
も自然にあがってくるので、無理に顔をあげないよ
うにしよう。腕は耳の後ろで伸ばして、膝から下で
キックし、徐々に横向きの姿勢に戻していってみよ
う。

Let's やってみよう
布団の上で回転する

水中で身体を回転させるイメージを作るため、
布団や床の上に寝て、頭を回転させてから、
身体を回転させる練習をしてみよう。片手を上
にあげておくとよりイメージを作りやすくなる。

できないときはここをチェック ✓

姿勢と顎の位置をチェックしてみよう。
背中を反らしすぎたり、顎をあげてい
ると、身体をうまく回転させることが
できないので注意しよう。

身体にいい

健康にいい泳ぎ方
RANKING

自分にあった泳ぎ方が、身体には一番。
たくさんのエネルギーを消費して、ストレスなく泳ぎましょう。

1 水泳のエネルギー消費量

ゆっくり 1000 m 泳ぐエネルギーは、年齢や体重、男女によって多少の違いはありますが、大体 400 ～ 450 キロカロリーです。

2 身体に疲れをためない運動

激しい運動は、筋肉中に乳酸などの老廃物が発生するため、疲れが溜まりやすくなります。激しい運動は避けるようにしましょう。

3 自分にあった泳ぎ方

クロールの呼吸は顔をあげて、何回吸ってもいい。自分にとって楽に長く泳げるならそれが一番なのです。

4 ストレスのない泳ぎ方

こんな泳ぎ方は間違っている、かっこ悪いなんて思わず、心身ともにリラックス。ストレスのある泳ぎ方は長続きしません。

5 泳ぐ前のウォーミングアップ

「水中ウォーキング」がおすすめ。膝を高くあげて、水を踏みつけるように歩くと、筋温があがり、泳ぐ時にとても楽になります。

プールの噂 **基礎代謝をあげる生活習慣と運動**

ゆっくりで、あまり疲れない、心地よい運動は脂肪が大変燃えやすく、健康維持にとてもいい効果をあらわします。

長い時間をかけて、長い距離を泳ぐことは身体にとてもいい運動です。

水泳で消費するエネルギーをもっと多くしたいときは、基礎代謝をあげましょう。

基礎代謝をあげるには、週3回程度の運動を続け、筋肉の量を増やします。そして基礎体温を 36 度以上に保てるような食事を心がけましょう。代謝を促進させる成分が多く含まれる、人参や大根、いも類などの根野菜は、身体にいい食物といわれています。

水中で苦しくならない

クロールの呼吸とローリング

泳いでいるときに息が苦しくなったら、
ふし浮きから横向きになり、背浮きの状態までローリングして
たくさん空気を吸ってみよう

コツ No. **22** ▶▶▶ クロールの息継ぎ

陸上での呼吸運動で 肺活量を増やす

ココが 直る 肺活量を増やすための、陸上での呼吸練習のやり方がわかる。

背中を丸めて 鼻から息を吐ききってみよう

　長い距離を泳ぐときに必要な肺活量を増やすために、陸上で肋骨を開く呼吸を練習してみよう。

　床に座りおなかをへこませて、**肋骨を横に開くように、**口から大きく息を吸う。そのまま３秒ほど息を止め、鼻から細く長く息を吐きながら、肋骨を閉じていく。

　背中が丸まってもいいので、**おなかをふくらませないように**注意して、繰り返しゆっくりとした呼吸を続けてみよう。

効くツボ
1. 口から大きく息を吸う
2. 鼻から細く息を吐く
3. 背中を丸めて息を吐ききる

効くツボ 1

肋骨を横に開くように口から大きく息を吸う

床に座り、おなかをへこませた状態で、肋骨を横に開くように大きく口から息を吸い、そのまま3秒ぐらい息を止めてみよう。肺活量が増え、泳ぐときの呼吸が楽になる。おなかをふくらませないように注意しておこう。

効くツボ 2

息を止めたあと細く長く鼻から息を吐く

おもいきり息を吸い、息を止めたあと、できるだけ細く少しずつ、鼻から息をはきながら、肋骨を閉じてみよう。水の中で息を吐くことをイメージして、ゆっくりと長く息を吐き、口から息を吸う練習を繰り返してみよう。

効くツボ 3

腹圧をあげ背中を丸めるようにして息を吐く

腹圧をあげ、背中を丸めるようにして、陸上での呼吸運動を繰り返し練習してみよう。息を吸ったときに肋骨を開き、吐くときに閉じるというような大きな呼吸を続けていくと肺活量が増え、泳いでいるときの呼吸が楽になる。

Let's やってみよう

床の上でおなかを引き締める

家のフロアなどで膝を立てて、よつんばいになり、おなかを引きしめるトレーニングをやってみよう。背中を丸めて口から息を吸い、おなかに空気を入れ、細く長く鼻から吐く。

できないときはここをチェック ☑

顔の向きと姿勢をチェックしてみよう。背中を伸ばしすぎたり、反らしていてはうまく呼吸できない。アルファベットの『C』のように背中を丸めてみよう。

23 ▶▶▶ クロールの息継ぎ

水の中で息を止める
呼吸法を覚える

> **ココが直る** 肺活量の少ない人が長く泳ぐための呼吸法がわかるようになる。

**息を吐きながら
水の中にもぐってみよう**

　水の中にまっすぐに立って、口から大きく空気を吸い、鼻から息を吐きながら水に入っていく。プールの底に膝がついたら、少しの間呼吸を止めて、息を吐きながら立ちあがってみよう。

　肺活量の少ない人は、息を吐き続けると途中で苦しくなり、きれいに泳げているのに長い距離を泳げなくなってしまうことがある。**水中で息を止めて酸素を身体に残しておく**と楽に泳ぐことができるようになる。

効くツボ
1. 口から大きく息を吸う
2. 水の中で呼吸を止める
3. 息を吐きながら立ちあがる

効くツボ **1**

水の上で口から大きく息を吸い
吐きながらプールに入る

水の上で肋骨を横に開くように口から大きく空気を吸い、鼻から息を吐きながら水に入ってみよう。息を吸う感覚がわからないときは、水の上で数回大きく深呼吸をして、大きく吸ったあと、水に入るようにしてみると、うまくいく。

効くツボ **2**

水中で息を止めて
吐きながら水の上に顔を出す

息を吐きながら水に入ったら、水の中で数秒間息を止めて、息を吐きながら立ちあがり、水の上に顔を出す。息を吐くときは、鼻でも口でもいいが、吸うときは口から吸うようにしよう。鼻から吸うと鼻に水が入ってしまうので注意する。

効くツボ **3**

正面を見たまま水中に入り、
息を吐きながら立ち上がる

息を吐きながら水に入るときは、お尻からしゃがむようにして、膝をプールの底につけて止まる。そのまま少しの間呼吸を止めて、息を吐きながら立ちあがっていく。下や横を見たりせず、正面を見たまま水中に入っていこう。

🛁 やってみよう

お風呂で呼吸練習

プールで呼吸するイメージをつかむために、お風呂の中で練習してみよう。肩までお湯につかり、口から息を吸って、鼻からゆっくりと息を吐くと、もぐらなくてもイメージをつかむことができる。

できないときはここをチェック ☑

水の上で空気をしっかり吸っているかチェックしよう。息を吐けないのは、しっかり空気を吸っていないためだ。深呼吸をしてから大きく息を吸ってみよう。

24 ▶▶▶ クロールの息継ぎ

肺活量の多い人が
楽に泳げる呼吸法を覚える

> 💡 **ココが直る** 肺活量の多い人が、長距離を泳ぐときの呼吸法がわかるようになる。

一回にたくさんの息を吸い吐き続けてみよう

肺活量が多い人は、一回の呼吸でたくさんの空気を吸うことができるので、息を吐きながら水の中に入り、**吐き続けて上にあがる**練習をしてみよう。

水に入る前に口から大きく息を吸って、息を吐きながら、もぐっていく。

頭まで完全に水に入ったら、息を少しずつ吐きながら苦しくなる前に、水面にあがってみよう。息を吐くときは、鼻か口のどちらでもいいので、できるだけ細く長く吐くようにしよう。

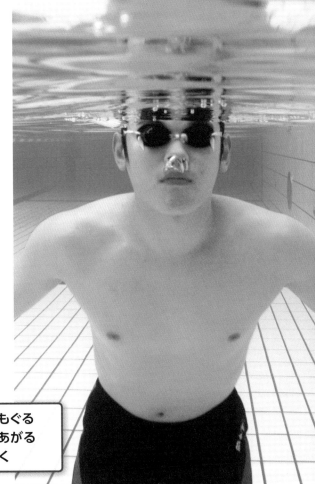

 効くツボ
1. 息を吸い吐きながらもぐる
2. 息を吐きながら立ちあがる
3. 背中を丸めて息を吐く

効くツボ 1

水面で息を吸い
吐きながら水に入る

肺活量が多く、一回の呼吸でたくさんの空気を吸うことができる人は、息を吐き続けて泳ぐための呼吸方法を練習してみよう。水に入る前に、口から息を大きく吸い、鼻から息を吐きながら、水の中に入っていく。

効くツボ 2

苦しくなる前に
息を吐きながら立ちあがる

息を大きく吸ったあと、息を吐きながら、お尻をさげるように、水中にもぐっていく。頭まで完全に水に入ったら、細く長く少しずつ息を吐きながら、苦しくなる前に、水面にあがっていこう。息は鼻又は口から吐くようにする。

効くツボ 3

おなかを引き締めて息を吸い
背中を丸めて息を吐く

呼吸をするときの姿勢は、おなかを引き締めて、肋骨を開くようにする。大きく息を吸い込み、背中を丸めるようにして、少しずつ息を吐き出す。息は口から吸いこみ、鼻か口のいずれかやりやすい方で吐くようにしてみよう。

やってみよう
ストローを使って息を吐く

ストローを使って、細く長く息を吐き、肺活量を増やす練習をしてみよう。息を大きく吸い、水を張った洗面器の中に、細く長く少しずつストローで息を吐いてみよう。

できないときはここをチェック ☑

水の中で息が続いているかチェックしよう。途中で苦しくなってしまうのは、はじめからたくさん息を吐いているからだ。少しずつ吐くようにしてみよう。

25 ▶▶▶ クロールの息継ぎ

身体をローリングさせながら
呼吸練習をする

> 💡ココが直る クロールを泳ぐとき身体をローリングさせながら呼吸する方法がわかる。

背浮きの姿勢のときに大きく呼吸をしておこう

身体を回転させながら呼吸する練習をしてみよう。

片手を耳の後ろにつけて前に伸ばし、もう一方の手は足の方に伸ばして、ふし浮きをする。

息を吐きながら、身体を開くように回転させ、横向きに移っていく。横向きから背浮きの姿勢にゆっくりと回転し、大きく呼吸をしたあと、横向きに体を戻し、ふし浮きに戻っていこう。

水中と水面の境目で息を吐くようにすると、楽に呼吸ができる。

> **効くツボ**
> 1. ふし浮きからはじめる
> 2. 息を吐きながら回転する
> 3. 背浮きで大きく呼吸

効くツボ 1

正しい姿勢でふし浮きをして
横向きに回転していく

片手は耳の後ろにつけ、もう一方の手は身体の横にそわせるようにして、ふし浮きをする。後頭部から背中を一直線にして、顔は真下に向けておく。足は身体のバランスをとるように、力を入れず自然に伸ばしておこう。

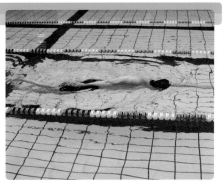

効くツボ 2

ふし浮きから息を吐きながら
横向きの姿勢に回転する

ふし浮きの姿勢から、息を吐きながら、足の方に伸ばしている手の方向に身体を回転させていく。身体を開くようにしてゆっくりと横向きになってみよう。横向きになったら、キックは足のつけ根から前後に歩くように動かしてみよう。

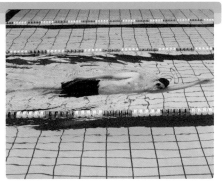

効くツボ 3

横向きから背浮きに移り
大きく呼吸をする

横向きの姿勢から背浮きに移るときは、ゆっくりとやさしく回転する。背浮きの姿勢で呼吸を大きく2回ほどしたあと、横向きに身体を戻して、ふし浮きの状態に戻る。水中と水面の境目で息を吐くようにしてみよう。

Let's やってみよう

潜水したまま身体を回転

身体を回転させるイメージをつかむため、プールに深くもぐり、潜水したままの状態で身体を回転させてみよう。横向きや上向きの姿勢をキープしやすくなる。

できないときはここをチェック ☑

回転するときの姿勢をチェックしよう。背中が反り返っていたり、顎があがっていると回転することができないので注意しよう。

26 ▶▶▶ ローリング

手を動かしながら
ローリングしてみる

 手を動かしながら身体をローリングさせる方法がわかる。

**水しぶきをたてないように
ローリングしよう**

　ふし浮きの姿勢から手をかきながら横向きになり、背浮きの姿勢に回転してみよう。

　水しぶきを立てないように、ゆっくりと静かに身体を回転させるためには、足をバタバタと動かさず、**股関節からゆっくりと歩くようにキック**することがポイントになる。

　背浮きの姿勢で顔が上を向いたときに息を吸い、ゆっくりと横向きからふし浮きの姿勢に戻っていこう。

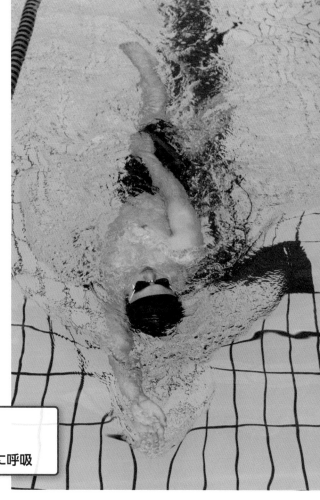

 1. 横向きに回転する
2. 水しぶきを立てない
3. 顔が上を向いたときに呼吸

効くツボ 1

ふし浮きから
腕を動かしながら横向きになる

ふ し浮きの姿勢で、指をそろえて入水し、水を
しっかりキャッチしたら、身体の中心から太
ももの方に水をかいていく。足の後ろに水を押し出
すタイミングに身体を横向きに回転させてみよう。
水を押し出す側に身体を開くように回転させていく。

効くツボ 2

水しぶきを立てないように
ゆっくりと身体を回転させる

身 体を回転させるときは、水しぶきを立てない
ように、静かにやさしく回転してみよう。足
をバタバタと動かさないで、身体のバランスをとる
ように、足のつけ根からゆっくりと、歩くように動
かすことがポイントだ。

効くツボ 3

顔が上を向いたときに
呼吸をする

横 向きの姿勢から背浮きになり、顔が上に向い
たときに2、3回呼吸を行い、ゆっくりと横
向きの姿勢に身体を戻してみよう。身体を回転させ
るときは、片手を耳の後ろにつけ、もう一方の手は
足にそわせるように伸ばしておく。

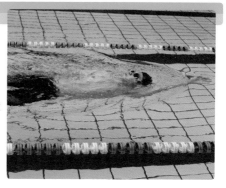

Let's ☞やってみよう

2人1組でローリング練習

2人1組で、身体を回転させるイメージを作る練
習をしてみよう。立った姿勢で片手を上に伸ばし
て前かがみになり、パートナーが手と頭を回して
あげると、身体を回転するイメージがつかめる。

できないときはここをチェック ☑

キックをがんばってうとうとしていない
かチェックしよう。キックは身体のバラ
ンスをとるように、ゆっくりと歩くよう
に動かそう。

身体のバランスを意識して
ローリングのコンビネーション

> 💡**ココが直る** ローリングするときの、キックと水のかき方がわかるようになる。

呼吸が安定するまで
背浮きの姿勢

身体をローリングさせるとき、キックはバランスをとるように、ゆっくりと足のつけ根から歩くように動かしてみよう。

水中での「かき」を意識して足の方までしっかり水を押す。

息が苦しくなったら、背浮きの姿勢になり、呼吸が安定するまでそのままの状態をキープしよう。

片手は耳の後ろにおき、もう一方の手は太ももにそわせるようにしておく。

 効くツボ
1. キックでバランスをとる
2. 水中での『かき』を意識する
3. 苦しくなったら背浮き

効くツボ **1**

バランスをとるように ゆっくりとキックする

ふ し浮きから横向きになり、背浮きの姿勢に回転していくとき、キックは身体のバランスをとる程度に動かすようにしよう。股関節とお尻に意識をおいて、膝(ひざ)を自然に伸ばし、足のつけ根からゆっくりと歩くように動かしてみよう。

効くツボ **2**

水中での 『かき』 を意識して 足の方までしっかり水を押す

胸 の下から太ももの前まで、水中で水をかくことに集中してみよう。足の方に水を押し出して、腕をしっかり伸ばすようにすると、前に進みやすくなる。おなかの下までかいた手を、すぐに前に戻さないように注意しよう。

効くツボ **3**

苦しくなったら 背浮きの姿勢になる

ふ し浮きで泳いでいて、息が苦しくなったら背浮きの姿勢になり、呼吸が安定するまでそのままの状態をキープしよう。片手は耳の後ろ、もう一方の手は太ももにそわせるようにして、背浮きの姿勢で、しっかりと呼吸をしてみよう。

やってみよう
陸上で手の動きを練習する

手を動かしながら背浮きになるイメージをつかむために陸上で練習してみよう。1、2、3と手を交互に前へ出し、4で前に出したところで、身体ごと後ろを向く。

できないときはここをチェック ☑

キックをバタバタとうっていないかチェックしてみよう。回転のタイミングをつかみにくくなるので、足は歩くようにゆっくりと動かすようにしよう。

28 ▶▶▶ ローリング

姿勢と呼吸を意識して
ローリングのコンビネーション

> **💡ココが直る** クロールを泳ぐときのローリングの姿勢と呼吸のタイミングがわかる。

水中と水面の境目で
息を吐くようにしてみよう

ローリングをするときの姿勢は、背中から後頭部までを一直線にして、おなかをへこませるようにしておこう。背中を少し丸めるような感じにすると、楽な姿勢を保つことができる。

ふし浮きから横向きに回転し、背浮きに移るとき、**水中と水面の境目で息を吐く**。背浮きの姿勢になったら、大きく息を吸ってみよう。

正しい背浮きの姿勢ができていれば顔が浮かびあがり、呼吸をしやすくなる。

効くツボ
1. 後頭部から背中を一直線
2. 水中と水面の境目で息を吐く
3. 背浮きで呼吸

効くツボ **1**

後頭部から背中までを
一直線にする

長い距離を楽に泳ぐために、正しい姿勢をキープして身体をローリングさせてみよう。背中から後頭部までを一直線にして、顎を引き、おなかをへこませるようにして、背中を少し丸めると、楽な姿勢を保つことができる。

効くツボ **2**

水中と水面の境目で息を吐き
天井に顔を向けて息を吸う

横向きから背浮きの姿勢に身体を回転させるとき、水中と水面の境目で息を吐き出してみよう。背浮きになったとき、耳の後ろに手をくっつけてしっかりと腕を伸ばすと、沈んでいた顔が自然と浮かびあがり、呼吸がしやすくなる。

効くツボ **3**

呼吸が苦しいときは背浮きになり
大きく息を吸う

ローリングをしている途中で息が苦しくなたら、背浮きの姿勢になり呼吸をする。慣れてきたらすぐに横向きからふし浮きの姿勢に戻るようにしてみよう。背浮きの状態で息を大きく吸い込み、身体を回転させながら、できるだけ細く長く息を吐くようにしてみよう。

Let's やってみよう

鉄棒を使って身体を伸ばす

腕を前後に伸ばす感覚をつかむため、鉄棒を使って練習してみよう。片手で鉄棒をにぎり、もう一方の手は後ろに伸ばし、そのまま身体を後ろに引っ張る。左右交互にやってみよう。

できないときはここをチェック ☑

ローリングするときの姿勢をチェックしてみよう。背中が反り返っているとうまく回転できなくなるので、少し背中をゆるめてみよう。

手のかきを意識して
ローリングのコンビネーション

> **!ココが直る** クロールを泳ぐ時の手の動きと身体を回転させる方法がわかる。

指先を下に向けて
おなかの下に水をかいていこう

　クロールで泳ぐときの入水は、指先をそろえて、頭の真上から斜め前方に向けて深めに入れてみよう。

　水をしっかりキャッチして、おなかの下から太ももの前に水をかき、足の横に水を押し出す。手を前後にしっかり伸ばした状態で、２、３秒手の動きを止め、身体を横方向から背浮きの状態にローリングさせる。

　身体を戻すタイミングで前後の手を入れ替えるようにしてみよう。

 効くツボ
1. 腕は斜め前方深めに入水
2. おなかの下にかき込む
3. プル動作を1回ずつ休憩

72

効くツボ 1

斜め前方に
指先をそろえて深めに入水

ク ロールで泳ぐときは、指をそろえて、頭の真上から斜め前に向けてまっすぐに入水し、水をキャッチすることを意識してみよう。入水したと同時に足の方に伸ばしている手の肘を曲げ、肩を持ちあげるようにして、前の手と入れ替える準備をする。

効くツボ 2

深い位置から水をキャッチし
おなかの下に水をかき込む

深 く入水したあとは、手のひらで水をしっかりキャッチして、おなかの下から太ももの前に向けて水をかいていこう。足の横に水を押し出したら、肘を伸ばして、身体にそわせるようにしたあとリカバリーを行い、手を前に戻していく。

効くツボ 3

手を前後に伸ばしたまま
2、3秒止めて身体を回転させる

足 の後ろまで水を押し出したら、手を前後に伸ばした状態で2、3手の動きを止め、身体を横向きから背浮きの姿勢に回転させてみよう。身体を横向きからふし浮きに戻すタイミングで、前後に伸ばした手を入れ替えるようにする。

やってみよう

水の中で一回転する

水の中で一回転する練習をしてみよう。ふし浮きの姿勢から横向きになり、背浮きの状態になったら、回ってきた方とは反対の方向に回転し、横向きになり、ふし浮きに戻ってみよう。

できないときはここをチェック ☑

足の方まで水をしっかり押し出しているかチェックしてみよう。手を足の方まで伸ばさずに、おなかの下で前に戻してしまうと前に進みにくくなる。

30 ▶▶▶ クロール

コンビネーションの姿勢を確認しよう

> 💡 **ココが直る** クロールを泳ぐときの、身体の使い方と姿勢を確認することができる。

背浮きでは耳の後ろで手を伸ばしておこう

クロールで泳ぐときの姿勢は、おなかをへこませるようにして腹圧を高め、背中から後頭部までを一直線にして、顎を引く。

背中を伸ばしすぎず、少し丸めるようにリラックスさせておくことがポイントだ。

キックは無理にうとうとせず、足はバランスをとる程度に動かしておく。

背浮きの姿勢になったときは、手をしっかり伸ばし、耳の後ろにつけるようにしてみよう。

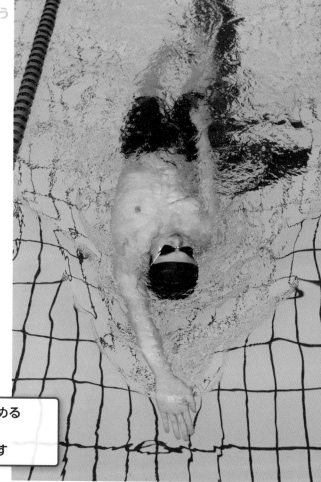

効くツボ
1. 腹圧を高め背中を丸める
2. 足でバランスをとる
3. 手を耳の後ろで伸ばす

効くツボ 1

腹圧を高め
背中を少し丸めるようにする

クロールを泳ぐときの姿勢は、後頭部から背中を一直線にして、顎を引き、腹圧を高めるようにおなかを引き締めておく。背中がのびきらないように、少し丸めるようにする。入水する前の手をしっかり伸ばしておくようにしよう。

効くツボ 2

足はゆっくりと動かし
身体のバランスをとる

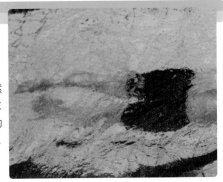

キックは無理にうとうとせず、膝と足首は自然に伸ばすようにして、バランスをとる程度に動かす。足のつけ根からゆっくりと、歩くように動かすことがポイントだ。バタバタと動かしていると、うまくローリングができないので注意しておこう。

効くツボ 3

前に伸ばした手を
耳の後ろにつけておく

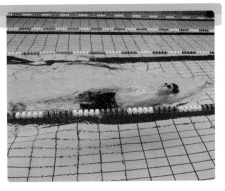

横向きから背浮きにローリングするとき、前に伸ばした手は、手のひらを上にして耳の後ろにつけるようにする。もう一方の手は、水をおさえるように手のひらを下に向けて、身体にそわせるようにまっすぐに伸ばしておこう。

🖐やってみよう
家で姿勢をチェックする
薄めの布団をロールケーキのように巻き、その上にうつぶせで寝てみよう。手を前後に動かすと、自然と背中が丸くなり、泳ぐときのリラックスした姿勢がわかるようになる。

できないときはここをチェック ☑
泳ぐときの視線をチェックしてみよう。進行方向を見ていると、顎があがってしまうので、視線を真下に向けるようにしよう。

コツNo.31 ▶▶▶クロール

苦しくならない
息継ぎを練習してみよう

 ココが直る クロールで泳ぐときの、苦しくならない呼吸の仕方がわかる。

背浮きの姿勢のときに 2、3回呼吸してみよう

クロールで泳ぐときに、息が苦しくならないような息継ぎを練習してみよう。

水中ではできるだけ息を止めるようにして、**身体に酸素を残す**ようにする。どうしても苦しい場合は少しずつ息を吐いてみよう。

呼吸をするために顔をあげるときは、身体を回転させ、**顔と身体を上に向ける**ようにする。

背浮きの姿勢で2、3回呼吸をして泳ぎ続けてみよう。

 効くツボ
1. 水中では息を止める
2. 身体を回転させて呼吸
3. 上を向いて2、3回呼吸

効くツボ 1

水中ではできるだけ
息を止める

水中では、できるだけ息を止めるようにして、身体に酸素を残しておこう。どうしても苦しいときは、少しずつ吐くようにする。肺活量が多い人は、息を吸ったあと、水中で少しずつ息を吐きながらローリングしてみよう。

効くツボ 2

頭だけをねじらずに
身体を回転させて呼吸をする

呼吸をするときは、頭だけをねじろうとすると気管がつまることがあるので、身体全体を回転させてみよう。呼吸が苦しくなったら、手を前後に伸ばすときに背浮きの状態に身体を回転させて、呼吸をするようにしてみよう。

効くツボ 3

真上を向いて 2、3 回呼吸して
泳ぎ続ける

クロールで息が苦しくなったら、身体を回転させて背浮きの姿勢になり、息を全部吐いて、2、3 回呼吸してみよう。苦しくならずに長く泳ぎ続けることができるようになる。顔と身体を真上に向けるようにすると、息継ぎがしやすい。

🐸やってみよう

水中で息を吐く

できるだけたくさん息を、水中で吐く練習をやってみよう。水中のほうが息を吐きやすい人が多いので、顔を上に向けたときではなく、水の中で息をすべて吐ききってみよう。

できないときはここをチェック ☑

息をすべて吐ききっているかチェックしよう。背浮きの姿勢で息を吐ききったあと、息を大きく吸い込むようにしてみよう。

両足で壁を蹴り
力強いスタートとタッチターン

！ココが直る クロールのスタートとクイックターンの身体の使い方がわかる。

両足で壁を力強くキックしよう

クロールのスタートは、身体を下に向けて、両手を重ねて頭をはさむようにして伸ばす。

踵とお尻をくっつけるように膝を曲げ、一度水中にもぐってから**足裏全体でおもいきり壁を蹴り**スタートしてみよう。タッチターンは息が長く続かない人や水中で前方に回転できない人に向いている。

きき手で壁をつかみ、身体を引きよせ、両膝を曲げておなかに近づけるようにして、壁を蹴りターンする。

効くツボ
1. 両手を重ねてスタートする
2. 壁を引きよせて蹴る
3. 両膝をしっかり曲げる

効くツボ 1

両手を重ねて
膝を曲げて壁をおもいきり蹴る

ク ロールのスタートは顔を下に向けて、両手を重ね、頭をはさむようにまっすぐに伸ばす。踵とお尻をくっつけるように、膝をしっかり曲げておく。一度水中にもぐり、壁を蹴って、正しいけのびの姿勢でスタートしてみよう。

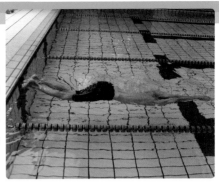

効くツボ 2

壁をつかみ
身体を引きつけてターンする

タ ッチターンは、呼吸が苦しいときや、息が長く続かない人、水中で前方に回ることのできない人に向いているターンの方法だ。クロールで泳いできたら、きき手で壁をつかみ、身体を引きつけてから、スタートするときのように壁を蹴ってターンしてみよう。

効くツボ 3

両膝をおなかの前で
しっかりと曲げる

タ ッチターンをするときは、踵とお尻をくっつけるように、両膝をおなかの前でしっかりと曲げてみよう。足裏全体で壁をおもいきり蹴っていきおいよく進んでいく。スタートと同じように、両手を重ねて頭をはさむように伸ばしておく。

Let's ☞やってみよう

壁を蹴る練習をする

フローリングなど滑りやすい床で、壁を蹴って滑る練習をしてみよう。座布団の上にうつぶせに寝て、膝をおなかにくっつけるように曲げて壁を蹴り、ボブスレーのように滑ってみよう。

できないときはここをチェック ☑

両足をそろえて、足裏全体で壁をしっかり蹴っているかチェックしてみよう。足がそろっていないと、斜めに進んでしまうので注意しよう。

33

クイックターンで
すばやく方向をかえる

> 💡**ココが直る** 水の抵抗の少ないクイックターンの身体の使い方がわかる。

壁の手前で身体を丸めて前回りをしてみよう

　呼吸が長く続く人は、水の抵抗の少ないクイックターンをやってみよう。

　壁の身体ひとつ分手前で前転をして、顔が上を向いたら、両手を重ねて頭をはさむように上に伸ばす。

　背浮きの姿勢か横向きに回転するときに、**足裏全体で壁を蹴り**、身体をローリングしながら進んでいこう。

　ターンをするとき、呼吸は止めておくか、鼻から息を吐くようにしてみよう。

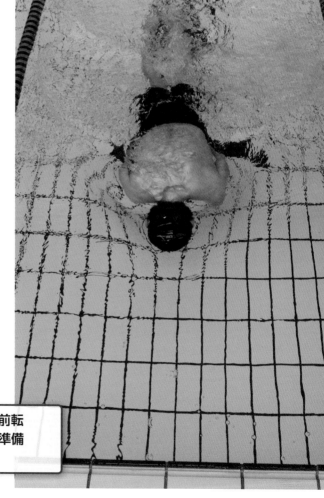

効くツボ
1. 身体ひとつ分手前で前転
2. 膝を曲げて壁を蹴る準備
3. 足裏全体で壁を蹴る

効くツボ 1

クイックターンは
身体ひとつ分手前で前転をする

水の抵抗が少ないクイックターンは、壁の身体ひとつ分手前で、両手を足の横につけ『気をつけ』の姿勢で前回りをする。顎を引き、視線をおなかに向けて、頭を下にさげていこう。鼻から息を少しずつ吐くようにしてやってみよう。

効くツボ 2

顔が上を向いたら
膝を曲げて壁を蹴る準備をする

水中で前回りをして、顔が上を向いたら、膝を曲げて足裏全体で壁を蹴る準備をしてみよう。手は身体から離して、両手を重ねて頭をはさむように上に伸ばしておく。呼吸は止めておくか、鼻から息を吐くようにしておこう。

効くツボ 3

身体を横向きに回転させながら
足裏全体で壁を蹴る

両手を重ねて、耳をはさむようにまっすぐに伸ばし、背浮きの姿勢から横向きに回転させながら、壁を蹴ってみよう。進行方向にまっすぐ進めるように、足裏全体で壁を蹴るようにする。水面と身体が平行になるようにまっすぐに伸ばしておこう。

やってみよう

布団の上で前転をする

前に回る感覚をイメージするため、布団の上で前転をやってみよう。視線をおへそに向けて、後頭部を布団につけるようにして回ると、クイックターンのイメージがわかるようになる。

できないときはここをチェック ☑

前転をする位置をチェックしてみよう。壁から離れすぎたり、近すぎるとうまくキックできないので、壁から身体ひとつ離れたところで前転する。

美しい

身体のラインをつくる
RANKING

水泳で効果的なダイエット　しっかり脂肪を燃やすには、水泳前後の食事が大切。
少し小腹が空いたときが、脂肪が燃えやすいのです。

1 美しい身体のライン
水泳の現役の選手は、他のスポーツ選手よりも均等のとれた美しい身体をしています。なめらかなラインが印象的です。

2 脂肪を燃やす
食事後1時間から2時間後は、血糖値が一番あがる頃なので、それ以降に泳ぐと脂肪が燃えやすくなります。

3 効果的に脂肪を燃やす
脂肪を効果的に燃やすには、運動30分から1時間前に、アミノ酸系やクエン酸系のサプリメントが効果的です。

4 脂肪を燃やす泳ぎ
脂肪を燃やすには、長い距離をゆっくり泳ぎます。自分の泳ぎやすいフォームで時間をかけて泳いでみましょう。

5 筋肉を引き締める泳ぎ
脂肪を燃やしながら筋肉を引き締めましょう。筋肉を絞る場合は、負担のない程度に、水のかきやキックを強くしてみましょう。

プールの噂 **美しい筋肉をつける水泳**

　人間は年齢とともに代謝力が低下してきます。筋肉をつけることで、代謝もあがり、リバンドしにくい身体になるのです。

　ゆっくりと泳ぐときよりも、キックや水のかき方を強くして、少しスピードをつけて、100mから200mずつぎって泳ぐと、筋肉を鍛えながら身体を引き締めることができます。

　筋肉を鍛えた後は、筋肉を修復する栄養が必要のなるので、運動後30分以内くらいに「プロテイン」等の栄養をとると、きれいな筋肉がつきやすくなります。

　水泳では『筋肉もりもり』なんて悩むほどにはなりませんので、ご心配なく。

かっこよく楽に泳ぐための

背泳の
身体の使い方

呼吸が楽な背泳は、
ローリングと手のタイミングをうまくあわせると
かっこよく泳ぐことができる。

34 ▶▶▶ 背泳

背泳の正しい姿勢で
サイドキック

💡 **ココが 直る** 背泳の正しい姿勢と、サイドキックの足の動かし方がわかる。

**手をまっすぐに伸ばして
ダイナミックなキックをしよう**

　背泳でサイドキックをする
ときは、片手を耳の後ろにつ
けて、まっすぐに伸ばし、も
う一方の手は身体にそわせて
おく。できるだけ**手を身体
から離さない**ようにしてお
こう。

　顔はまっすぐ天井に向ける
ようにして、身体にそわせた
手の肩が、顎の下にくるよう
にするとバランスがよくなる。

　**キックは、サッカーボー
ルを蹴るように**、足のつけ
根から大きく動かしてみよう。

効くツボ
1. 手を身体から離さない
2. 肩が顎の下にくるようにする
3. ダイナミックにキックする

効くツボ 1

手を身体から
離さないようにする

背泳でサイドキックをするときの姿勢は、おなかを引き締めて背中を少し丸めるようにして、顎を引く。片手を耳の後ろにつけて、まっすぐに伸ばし、もう一方の手は『気をつけ』をするように身体にくっつけて、伸ばしておこう。

効くツボ 2

身体にそわせた手の肩が
顎の下にくるようにする

横向きの姿勢でサイドキックをするとき、顔はまっすぐ天井に向けるようにしてみよう。身体にそわせるように伸ばした手の肩が、顎の下にくるようにすると身体のバランスがよくなり安定する。耳の後ろに腕をつけてまっすぐに伸ばしてみよう。

効くツボ 3

サッカーボールを蹴るように
ダイナミックにキックする

背泳のサイドキックは、サッカーボールを蹴ってロングパスを出すようにダイナミックに足を動かしてみよう。膝は無理に曲げたり、かたく伸ばすことはしないで、自然にまかせ、足のつけ根から大きく動かすようにする。

Let's やってみよう
床の上で肩から下を回転

背泳の姿勢をイメージするために、床の上で顔を上に向けたまま、肩から下を左右に回転させる練習をしてみよう。身体の柔軟性もやしなわれ、一石二鳥のトレーニングができる。

できないときはここをチェック ☑

おなかに力を入れているかチェックしてみよう。お尻が出て、腰が曲がっているとダイナミックなキックができないので注意しよう。

35 ▶▶▶ 背泳

足の甲を使って
水面下で蹴りあげる

> **ココが直る** 背泳の正しい姿勢と、キックをするときの足の動かし方がわかる。

膝から下を水面下に落として足の甲でキックしよう

　背泳のキックは、膝をゆるめた状態で水面をめがけて**足の甲でキック**する。膝が水面より上に出てしまうと、腰がさがり姿勢がくずれてしまうので注意しよう。

　背泳のキックを練習するときの姿勢は、耳の上まで水に入れ、顔をまっすぐ上に向けて、顎を引いておく。

　両手を重ねて、頭の後ろでしっかり伸ばしておくことで、自然と胸を張ることができる。

効くツボ
1. 足の甲で蹴りあげる
2. 顎を引き、顔を上に向ける
3. 両手を重ねて伸ばす

効くツボ 1

膝をゆるめた状態で
足の甲で蹴りあげる

背泳のキックは膝をゆるめた状態で、足の甲で、水面めがけて蹴りあげてみよう。膝が水面より上に出ないように、膝下を水面下に落とすように曲げておく。足は少し内股ぎみにしておくと、水をしっかりキャッチして蹴りあげることができる。

効くツボ 2

顎を引き、顔を上に向けて
頭を固定させる

背泳のキックを練習するときの姿勢は、耳の上まで水に入れ、顔をまっすぐ上に向けて顎を引く。頭の位置を動かさないように固定させておこう。両手を頭の後ろにしっかり伸ばし、離れないように手を重ねておく。

効くツボ 3

両腕を重ねて伸ばし
胸を張る

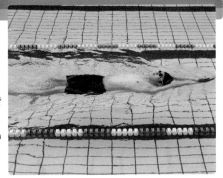

両手を重ねて、しっかり伸ばしておくことで、胸を自然に張ることができるようになる。背中や腰は反らさないように、おなかを引き締めて、腰を少しゆるめるような状態にしておくと、正しい背泳の姿勢を保ちやすくなる。

Let's やってみよう

布団を足の甲で蹴る

あお向けに寝て、腰まで布団をかけておく。枕の上に頭をおき、足元が見えるくらい持ちあげ、背泳のキックを練習してみよう。膝が布団に当たらないように、足の甲で布団を蹴りあげよう。

できないときはここをチェック ☑

水を蹴ったとき、つま先が伸びているかチェックしてみよう。つま先が曲がっていると、水をしっかり蹴っていないことが多いので注意しておこう。

36 ▶▶▶ 背泳

身体を少しかたむけて
水をキャッチする

> **ココが直る** 背泳の入水と、水をキャッチするときの手の動きがわかる。

背泳の入水は小指の方から手のひらを下に向ける

入水するときは、太ももにそわせた手で半円を描くように身体の中心を通り、まっすぐ頭の上まで運んでみよう。

小指の方から手のひらを下に向けるように入水する。身体を少しかたむけるようにしてやってみよう。

身体を持ちあげるように、水を上からおさえてキャッチ。**足は少し内股ぎみ**にすると、しっかり蹴りあげることができる。

効くツボ
1. 身体をかたむけて入水する
2. 水をおさえるようにキャッチ
3. 足を少し内股ぎみにする

効くツボ 1

上に伸ばしている手の方へ
身体をかたむける

腕を太もものあたりから、まっすぐ上に伸ばすようにあげる。身体の中心で真上に半円を描くように、大きく頭の先まで腕を運んでみよう。手を入水するとき、上に伸ばしている手の方におもいきって身体をかたむけると、手のひらで水をキャッチしやすくなる。

効くツボ 2

水のキャッチは
水をおさえるようにしてつかむ

背泳の入水は、小指又は薬指か中指から、手のひらを下に向けるようにして入れていく。水のキャッチは、入水後、手の形はそのままにして、10cm から 20cm 深く入れ、身体を持ちあげるようないきおいで、水をおさえてつかんでみよう。

効くツボ 3

水をキャッチするとき
足は少し内股ぎみにする

顔をまっすぐ上に向け、頭を動かさないようにすると正しい姿勢を保ちやすくなる。足は少し内股ぎみにすると、水をキャッチしたとき、しっかり蹴りあげることができる。身体にそわせている手の肩を顎の下におき、次の入水の準備をしておこう。

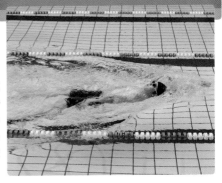

Let's やってみよう
壁を使って手の動きを練習

壁を背にして 30cm 程離れて立ち、半円を描くように手を足元から頭上まで大きく伸ばしてみよう。耳を通りすぎたところで身体をねじり、手のひらで壁をタッチして、押し返して手をおろす。

できないときはここをチェック ✓

上半身をねじりすぎて、顔が横や後ろに向いていないか、足をあげすぎて前かがみになりすぎていないかチェックしてみよう。

37 ▶▶▶ 背泳

脇をしめ、肘を曲げて 水をすくうようにかく

> 💡 **ココが直る** 背泳の水のかき方と、効率のいい手の動かし方がわかる。

頭の真上に入水すると 水をかきやすくなる

　背泳で水をかくときは、深く入水しキャッチした手で水をすくうようにする。

　脇をしめて、肘を90度ぐらいに曲げてかくようにしてみよう。頭の真上に深く入水すると、脇をしめやすくなる。

　最後は、腕相撲（うでずもう）のフィニッシュのように手を伏せて、太ももの下に向けて水を押し出してみよう。

　腕は太ももにそわせるように伸ばしておき、次の入水の準備をする。

効くツボ
1. 水をすくうように手を返す
2. 脇をしめ肘を曲げる
3. 手を伏せて水を押し出す

効くツボ 1

水をすくうように手を返し
かいていく

背泳で水をかくときの手の位置は、水面下、10cm から 20cm あたりを通るようにしよう。深く入水しキャッチした手で、水をすくうように手を返し、水をかいていく。深く入水したいきおいで、深くかきすぎないように注意しよう。

効くツボ 2

脇をしめ
肘を 90 度ぐらいに曲げる

水をかくときは、脇をしめ、肘を 90 度ぐらいに曲げるようにしよう。肩に負荷をかけず、余分な力を入れないで水をかくことができる。手のひらを身体の方に向けて、真横を通るように水をかいてみよう。

効くツボ 3

腕相撲のフィニッシュのように
手を伏せて水を押し出す

背泳で水をかく手は、身体の横を通り、最後は太ももの下まで水を押していく。手が腰のあたりにさしかかったら、腕相撲のフィニッシュのように、手を伏せてみよう。そのまま太ももの下をめがけて水を押し出していこう。

やってみよう
コースロープを引っ張る

脇をしめ、肘を曲げるイメージをつかむため、コースロープの近くで泳ぎ、上に伸ばした手でロープをつかみ、足のあたりまで引っ張ってみよう。ロープの浮き具で指をはさまないよう注意する。

できないときはここをチェック ☑

頭の真上に深く入水できているかチェックしよう。入水が浅かったり、肩が開いて横の方に入水していると、水をかくときに脇をしめづらくなる。

38 ▶▶▶ 背泳

連続サイドキックは
身体の向きをかえながらする

> 💡 **ココが直る** 背泳で連続してサイドキックをするときの身体の使い方がわかる。

身体と足を横に向けて
左右に足を動かそう

　背泳のキックは、顔を上に向けたまま、身体と足をサイドに向け、左右に動かすようにする。身体をかたむけたとき、**安定するまで3秒ぐらいサイドキック**をしてから次の動作に移っていこう。

　身体の向きをかえる直前に大きく息を吸い込み、反対側にかたむける時に息を吐くようにするとリズムをつかみやすくなる。

　入水からキャッチ、水をかく一連の手の動作を正確に行うと、身体の向きをかえやすくなる。

効くツボ
1. 安定するまでキックする
2. 向きをかえるときに呼吸
3. 手の動作を正確にする

効くツボ 1

姿勢が安定するまで
3秒ぐらいサイドキック

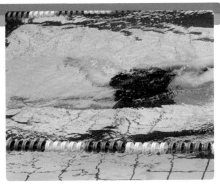

片手を頭の上に伸ばし、もう一方の手は身体につけて、顔を上に向ける。身体と足だけを横に向け、左右にキックしてみよう。身体をかたむけた状態で、姿勢が安定するまで、1、2、3のリズムでサイドキックをしてみよう。

効くツボ 2

身体の向きをかえる直前に
大きく吸い込む

サイドキックをしたあと、身体の向きをかえると同時に、太ももにそわせた手を、半円を描くように頭の真上に大きくあげていく。呼吸は身体の向きをかえる直前に大きく吸い込み、手を入水するときに息を吐くようにするとリズムをつかみやすくなる。

効くツボ 3

正確な手の動作をして
身体をかたむける

連続でサイドキックをするときは、1、2、3のリズムでキックをして、手を交替させると同時に身体のかたむきをかえていく動作を繰り返してやってみる。入水からキャッチ、水をかく手の動作をゆっくりと正確にすることが大切だ。

やってみよう
サイドキックを短くする

身体の向きをかえることに慣れてきたら、サイドへの切り替えのタイミングを早くしていこう。3秒間サイドキックをしていたのを、1秒から2秒にしてみると、かっこいい背泳が完成する。

できないときはここをチェック ☑

サイドキックをするとき、顔が上を向いているかをチェックしよう。顔だけを上に向けておくことができないときは、身体といっしょに傾けてみよう。

コツ No. **39** ▶▶▶ 背泳

かっこよく泳ぐ
背泳のコンビネーション

 ココが直る 背泳をかっこよく泳ぐための、姿勢と身体の使い方とがわかる。

身体の中心で半円を描くように大きく手をあげる

　背泳のコンビネーションは、連続でサイドキックをして、しっかりローリングする。**足を蹴りあげる反動で、手を入水**すると、ローリングのリズムをつかみやすくなる。

　手の動作は左右同時に行い、水をかくことを優先しないように注意しよう。

　顔を真上に向け、つま先の上の方を見るようにする。顎を引き、背中を少し丸めるようにしてみよう。頭を動かさないようしておくと身体が安定する。

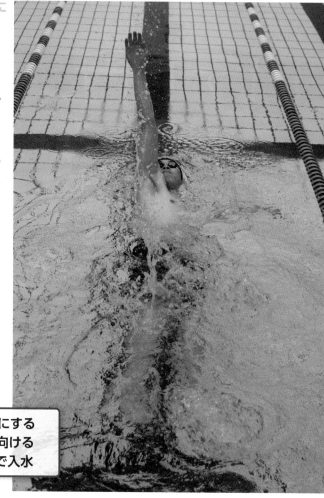

効くツボ
1. 手の動作は左右同時にする
2. 視線をつま先の上に向ける
3. 足を蹴りあげる反動で入水

効くツボ **1**

背泳の手は左右同時に動かす

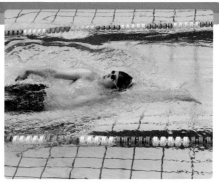

背泳を泳ぐとき、手の動作は左右同時に正確に行うようにしよう。片方の手を入水すると同時に、もう一方の手は入水に向けて大きくあげる準備をする。水をかく手の動作を優先しないように注意する。

効くツボ **2**

視線はつま先の上の方に向け頭を動かさない

顔を真上に向け、耳の上まで水につけるようにする。視線はつま先の上の方に向け、頭を動かさないようにしておこう。背中から後頭部までを一直線にして、顎を引き、胸は張りすぎないように、背中を少し丸めるように意識してみよう。

効くツボ **3**

足を蹴りあげる反動で手を入水する

背泳のコンビネーションは、足を蹴りあげる反動で、足と反対の手を入水すると、ローリングのリズムをつかみやすくなる。腕の一連の動作『ストローク』を一回ずつ止めるような気持ちで、あわてずに泳ぐと、かっこいい背泳ができるようになる。

やってみよう

腕を後ろに回す練習

壁から 30cm 程離れ、背中を壁に向けて立ち、左右交互に腕を連続で回す練習をしてみよう。肘を伸ばして身体の正面から頭の真後ろの壁をタッチするように腕を大きくあげていく。

できないときはここをチェック ☑

身体のローリングができているかチェックしてみよう。サイドキックの練習を繰り返し行うと、ローリングのポイントがわかる。

知っているとひとつトクをする

目的別

痩身＆ダイエット泳法
RANKING

食事や脂肪を燃やす方法を実行ながら、部分やせにチャレンジしてみましょう。

1 全体をやせたい人
体内脂肪や皮下脂肪など、全体的に脂肪を減らしたい方には、時間をかけて、ゆっくり泳ぐことです。

2 太ももがやせたい人
しっかりした背泳のキックが一番です。キックによって太ももの内側が刺激されて、特に女性にとってはうれしい効果です。

3 二の腕を引き締めたい人
クロールがおすすめです。クロールの手のかきで、特に最後のプッシュを強くやってみると効果抜群です。

4 おなかを締めたい人
「ふみふみウォーキング」がおすすめです。おなかをへこまし、足をしっかりあげて歩いてみましょう。

5 下腹部を引き締めたい人
大きく伸びをしたまま、プールの中を『すり足』で歩いてみましょう。この時に腕もしっかり振りましょう。

プールの噂　目的別痩身＆ダイエット法の補足

目的に応じた泳ぎ方や歩き方が、最大に効果を発揮するのは、やせたい部分に意識をおくことです。

クロールの手のかきや背泳のキックでは、二の腕や太ももの内側に意識しましょう。

おなかを引き締めたい人は、意識的におなかをへこまし、おなかの近くまで膝をあげて水を踏みつけるようにして歩きましょう。足は身長の半分以下の幅に開いて、少しはやく、リズムよく歩くと更に効果がでます。

全体的に脂肪を減らしたい方におすすめのゆっくり泳ぐ方法は、この本を参考に泳いでみてください。

PART 5

誰でも簡単かっこいい

バタフライの泳ぎ方

難しいと思われがちのバタフライふし浮きダイブと
ゆっくりとした浮きあがりを連続させて
簡単に、かっこよく泳いでみよう。

40 ▶▶▶ バタフライ

背中に力を入れずに
その場ふし浮きをする

> **! ココが直る** ふし浮きを意識的にコントロールできる身体の使い方がわかる。

**上半身は少し沈みぎみにして
ふし浮きをしてみよう**

　背中に力を入れずに浮くことができるか、その場で浮く練習をやってみよう。

　顔を真下に向けて、顎を引き、背中を少し丸めるようにする。

　両足の親指を重ねるように、足を『ハの字』にして、膝と足首は自然に伸ばし、お尻は引き締めておこう。

　下半身の緊張と上半身をリラックスさせることで、ふし浮きを意識的にコントロールすることができるようになる。

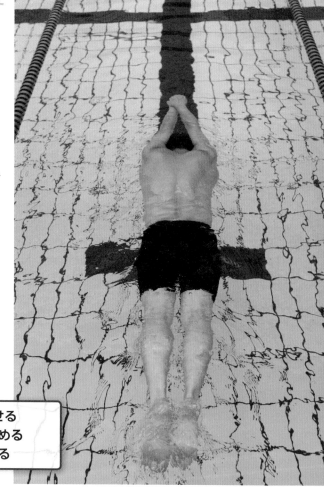

効くツボ
1. 背中をリラックスさせる
2. お尻の筋肉を引き締める
3. 足をハの字の形にする

効くツボ 1

おなかをへこませて
背中をリラックスさせる

背中をリラックスした状態にして、浮かんでみよう。後頭部と背中を一直線に自然に伸ばし、顔を真下に向け、顎を引いておく。おなかをへこませ、背中は少し丸めるように意識すると、身体に無駄な力が入らなくなる。

効くツボ 2

上半身は少し沈みぎみ
お尻の筋肉を引き締める

上半身は少し沈みぎみにして、下半身とおなかは少し緊張させる。お尻の筋肉を引き締めて浮かんでみよう。上半身をリラックスさせた状態で、下半身を緊張させることができれば、ふし浮きを意識的にコントロールできるようになる。

効くツボ 3

両足の親指を重ねるように
足を『ハの字』にする

バタフライのふし浮きでは、足の親指を重ねるようにして、足を『ハの字』の形で伸ばしておこう。膝と足首は無理にまっすぐにしようとせず、自然にしておく。腹圧をあげるようにおなかに力を入れ、腰を反らさないようにしよう。

☞やってみよう Let's

鏡の前で姿勢をチェック

両手を重ねて、耳の後ろに伸ばすふし浮きの姿勢を鏡の前でやってみよう。頭から背中を一直線にして顎を引き、おなかとお尻を引き締め、腰が反り返らないようにしてみよう。

できないときはここをチェック ✓

腰が反っていないかチェックしてみよう。リラックスした姿勢でふし浮きをするため、背中を少し丸めるように意識してみよう。

41 ▶▶▶ バタフライ

深くおじぎをするように
ふし浮きダイブをやってみる

> 💡 **ココが直る** 身体を『く』の字にするバタフライ特有の腰の使い方がわかる。

**下半身を水面に残し
上半身をダイブさせよう**

　上半身だけを水中に入れるふし浮きダイブをやってみよう。ふし浮きの状態から下半身を水面に残したまま、おなかをへこませて**「おじぎ」をするように**腰からおり曲げて、上半身だけを沈める。

　両手を重ねたまま、指先をしっかり下に向けて、顎を引き、おなかを引きあげるようにすると、うまく頭がさがっていく。

　足の親指は「ハの字」にして膝は曲がらないように注意しておこう。

> **効くツボ**
> 1. 下半身を緊張させる
> 2. 指先を下に向ける
> 3. 下半身を水面にキープ

効くツボ **1**

おなかを引き締めて
下半身を緊張させる

ふ し浮きの状態から下半身を緊張させ、水面に残したまま、上半身だけを沈めてみよう。おなかをへこませて『おじぎ』をするように、腰からおり曲げる。背中はリラックスしながらも、しっかり伸ばしておくようにする。

効くツボ **2**

両手を重ね、耳の後ろで伸ばし
指先を下に向ける

ふ し浮きダイブをするときの上半身は、顎を引き、おなかを引きあげるようにすると、頭がまっすぐ下に向くように沈んでいく。両手を重ね、耳の後ろでしっかり伸ばし、指先を下に向けて、上半身だけでダイブしてみよう。

効くツボ **3**

下半身はふし浮きの姿勢で
水面にキープする

上 半身を水の中に沈めるとき、下半身はふし浮きの姿勢のまま水面にキープしておく。足の親指は「ハの字」にして、膝は曲がらないように注意しておこう。おなかを引きあげるように腰を曲げてみよう。

🤸 やってみよう
下半身をプールサイドにキープ

上半身だけを沈めるイメージをつかむため、プールサイドに足をかけた状態で、おじぎをするように上半身を折り曲げる練習をしてみよう。お尻の筋肉を引き締めておこう。

できないときはここをチェック ☑

上半身を沈めるとき、膝が曲がっていないかチェックしてみよう。下半身を緊張させて、水面にキープしておくようにする。

42 ▶▶▶ バタフライ

ふし浮きダイブから
自然に浮きあがる

> 💡 **ココが直る** 沈めた上半身を、自然に浮かびあがらせる身体の使い方がわかる。

**ウルトラマンが飛び立つように
胸を張って浮きあがる**

　ふし浮きダイブで、指先と頭を下に向けて上半身だけを沈めたら、**プールの底に手をつく前に**、手首を返して、指先を上に向けてみよう。

　手は肩幅に開き、腕は耳より上にあげて、頭を上に向けておくと、自然と上半身が浮きあがっていく。

　無理に浮かびあがろうとせずに、胸を張って、足を自然に伸ばし、浮かびあがってくるまで、そのままの姿勢を保つようにしてみよう。

効くツボ
1. 底につく前に浮きあがる
2. 指先と頭を上に向ける
3. 手を肩幅に開く

効くツボ 1

プールの底に手をつく前に
浮かびあがる準備

ふ　し浮きダイブでは、下半身を水面に残し、指先と頭を下に向けて、おなかを引きあげ、身体を『くの字』にするように上半身だけを沈める。うまく頭がさがっていったら、プールの底に手をつく前に、指先を上に向けて浮きあがる準備をしてみよう。

効くツボ 2

指先と頭を上に向けて
自然に浮かびあがるのを待つ

上　半身だけを沈め、プールの底に手をつく前に、指を上に向ける。このとき、腕は耳よりも上に、頭も上を向くようにすると、身体が浮きあがってくる。無理に力を入れたりせず、自然に浮きあがるまでその姿勢をキープしてみよう。

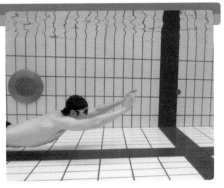

効くツボ 3

手を肩幅に開き
足でバランスをとる

ダ　イブするときに重ねていた手は、浮かびあがるとき、肩幅に開くようにする。足は力を入れず、バランスをとるように自然に伸ばしておくようにしよう。ウルトラマンが飛び立つように、胸を張って浮きあがってみよう。

Let's やってみよう
床を蹴って浮きあがる練習
身体が浮きあがる感覚をつかむため、水の中にしゃがむように沈んでみよう。その状態から、指先と頭を上に向けて、斜め前に浮きあがるように床を蹴ってみる。

できないときはここをチェック ☑
浮きあがるときの手首の角度をチェックしてみよう。沈むときには指先を下に向け、浮きあがるときには上に向けるようにする。

43 ▶▶▶ バタフライ

ふし浮きダイブから
連続して浮きあがる

> 💡 **ココが直る** 完全に浮きあがるのを待つことで、ダイブを続けてできるようになる。

完全に浮きあがり
ふし浮きの状態になるまで待つ

　ふし浮きダイブから浮きあがる動作を連続でやってみよう。

　ふし浮きダイブをしたあと、**上半身が水面まで完全に浮かびあがり**、ふし浮きの状態になったらすぐに、指先と頭を下に向けて、上半身だけをダイブする。呼吸が続く限り続けてみよう。

　おなかを引き締め、顎を引き、背中から後頭部（こうとうぶ）までを一直線にした姿勢で、プールの中腹あたりを目指して、まっすぐにもぐっていく。

> **効くツボ**
> 1. 完全に浮かぶまで待つ
> 2. 浮かんだらすぐにダイブ
> 3. プールの中腹を目指す

効くツボ **1**

完全に浮きあがり
ふし浮きの状態になるまで待つ

上半身が水面まで浮きあがり、ふし浮きの状態になったら、すぐに次のダイブに入っていく。完全に浮きあがるまで待たないで、ダイブしようとすると長く続けられないので、ふし浮きの状態になるまで待ってから次のダイブに入ろう。

効くツボ **2**

浮かびあがり
ふし浮きになったらすぐにダイブ

上半身が完全に浮かびあがり、ふし浮きの状態になったらすぐに、指先と頭を下に向けて、上半身を水中に沈めてみよう。呼吸が続く限り、数回続けてみる。両手を重ねて耳の後ろでしっかり伸ばして、顎を引いて、腰を曲げてダイブを続けていく。

効くツボ **3**

プールの中腹あたりを目指し
まっすぐにもぐる

背中から後頭部までを一直線にして、おなかを引き締め、顎を引いて、プールの中腹あたりを目指して、まっすぐにもぐっていこう。連続でダイブするときは、下半身を自然に伸ばして、水面にキープしておくようにする。

☞やってみよう

顔を出して呼吸

浮きあがってきたときに、水面に顔を出して息継ぎをしてみよう。通常は顔をつけたまま連続してダイブするが、慣れてきたら、浮きあがって次のダイブに入る前に呼吸をする。

できないときはここをチェック ☑

膝が伸びているか、深くもぐりすぎていないかチェックしてみよう。膝は曲げずに、プールの中腹あたりまでもぐるようにすると連続ダイブができる。

44 ▶▶▶ バタフライ

ふし浮きダイブに
キックを組みあわせる

💡 **ココが直る** バタフライのキックの動作と身体の使い方がわかるようになる。

**ダイブするときに
足をしならせるように蹴りあげる**

ふし浮きダイブにキックの動作を加えてみよう。

ふし浮きの姿勢から、**下半身とおなかに緊張感**を持たせて、お尻の筋肉をしめて、上半身をダイブさせていく。このとき、太ももの後ろから踵までを、**しならせるように蹴りあげて**みよう。

手がプールの底につく前に、指先と頭を上に向けて、上半身を浮きあがらせる。足は太ももの前、膝、足の甲を使って蹴りおろすようにする。

効くツボ
1. 下半身とおなかを緊張させる
2. 足を蹴りおろす
3. ダイブのとき足を蹴りあげる

効くツボ 1

下半身とおなかは少し緊張させ
お尻の筋肉をしめる

両手を重ねて頭をはさむようにまっすぐに伸ばし、背中を少し丸めるようにして、指先と頭を下に向け、上半身だけダイブさせる。プールの中腹あたりを目指し、斜め下に進んでいこう。下半身とおなかは少し緊張させ、お尻の筋肉をしめて水面に浮かせる。

効くツボ 2

上半身が浮きあがってきたら
下半身を蹴りおろす

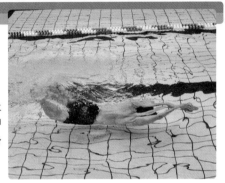

上半身をダイブさせて、プールの底につく前に、指先を上に向けて、浮きあがるのを待つ。上半身が浮きあがるときに、太ももの前、膝、足の甲を使って、斜め下に強く蹴りおろすように、下半身を水中にさげていこう。

効くツボ 3

ダイブするときに
足を蹴りあげる

足を蹴りおろして、上半身が浮きあがってきたら、今度は足を蹴りあげて、上半身をダイブさせてみよう。太ももの後ろから膝の後ろ、足裏、つま先までを順番にあげていき、ムチを打つようにしならせて、水面まで蹴りあげるようにする。

Let's やってみよう

潜水してキックの練習

キックの動きをスムーズにするために、プールに深くもぐった状態で、ダイブと浮きあがりの動作を短いスパンでやってみよう。キックがしなやかにできるようになる。

できないときはここをチェック ✓

ダイブするときに、膝がしっかり伸びているかチェックしてみよう。膝が曲がっていると、深くもぐることができないので注意する。

45 ▶▶▶ バタフライ

フィンを使って
きれいなキックの形を覚える

ココが直る フィンをはくことで、膝を曲げないきれいなキックができるようになる。

膝を伸ばしたかっこいいキックをしてみよう

　きれいなバタフライは、膝を曲げすぎないようにして、腰をうねるようにキックする。その感覚を身につけるため、ダイビング用のフィンを使ってキックを練習してみよう。

　フィンをはき、両足をそろえた状態で、**太ももから膝下まで**をしっかり伸ばす。

　フィンをはくことで、水をおさえたときに、腰がしっかりあがり、上半身を簡単にさげることができ、浮きあがりもはやくスムーズにできるようになる。

効くツボ
1. 太ももから膝下までを伸ばす
2. 身体をスムーズに動かす
3. ゆっくりとしたキック

効くツボ 1

太ももから膝下までを
しっかり伸ばす

フィンをはき、両足をそろえた状態で、太ももから膝下までをしっかり伸ばしてみよう。フィンで水をおさえたときに、腰がしっかりあがり、上半身を簡単にさげることができるようになる。両手は重ねて、まっすぐに伸ばしておこう。

効くツボ 2

浮きあがりがはやく
スムーズにできるようになる

フィンをはいていることで、深くもぐって浮きあがるときに、足を意識しなくても、腰が高くあがり、浮きあがりもはやく、スムーズにできるようになる。バタフライをするときの姿勢がよくなり、きれいな泳ぎ方ができるようになる。

効くツボ 3

ゆっくりとした
キックの動作をする

バタフライのキックの練習としてフィンをつけることにより、キックの動作や身体の上下動がゆっくりになる。同時に、手もゆっくりとした動きができるようになり、バタフライのイメージ作りに、とてもいい練習になる。

Let's やってみよう

アクアシューズをはいてキック

バタフライのキックを練習するとき、フィンのかわりにアクアシューズをはいてみよう。膝を曲げないで、足をしっかり伸ばしてキックするイメージをつかみやすくなる。

できないときはここをチェック ☑

フィンをつけてキックをするとき、膝がしっかり伸びているかチェックしてみよう。膝を伸ばして、股関節を使い足を動かすようにする。

46 ▶▶▶ バタフライ

ふし浮きダイブから
手を使って浮きあがる

💡**ココが直る** 手を使って、ふし浮きダイブから浮きあがれるようになる。

**両手いっしょに
いっきに太ももまで水をかく**

ふし浮きダイブから、手を使って浮きあがる練習をしてみよう。

ふし浮きダイブをして、上半身が浮かびあがってきたところで手を肩幅に開き、平泳ぎのように**横に水をかいて**みよう。

肘を 90 度ぐらいに曲げ、指先を下に向けて、おなかの下の方に水をかき、そこからいっきに太ももまで手を持っていく。

肘を伸ばし、手のひらを上に向けるようにして、上半身が水面にあがってきたら、立ちあがってみよう。

効くツボ
1. 平泳ぎのように横に水をかく
2. おなかの下にかき込む
3. いっきに太ももまでかく

効くツボ 1

手を肩幅に開き
平泳ぎのように横に水をかく

両手を重ねて、肘をしっかり伸ばした状態でふし浮きダイブをする。足を蹴りおろし、上半身が少し浮かびあがってきたところで、手を肩幅に開き、平泳ぎのように横に水をかいてみよう。頭から背中までは一直線にしておく。

効くツボ 2

横に開いた手を
おなかの下の方にかき込む

上半身が浮きあがったところで、両手を平泳ぎのように横に開く。そのまま指先を下に向け、両肘を 90 度ぐらいに曲げて、いっきにおなかの下の方まで水をかいてみよう。肘をあげすぎないように注意して、足は自然に伸ばしておく。

効くツボ 3

いっきに太ももまで水をかき
立ちあがる

おなかの下まで水をかいたら、いっきに太ももの後ろまで手を伸ばして、上半身を浮きあがらせてみよう。肘をしっかり伸ばし、手のひらを上に向けるようにする。上半身が完全に水面にあがったら、足をそろえて、立ちあがる。

Let's 🐍 やってみよう

両手で水をかいてみよう

両手でかく練習をしてみよう。水中にもぐらないで、ふし浮きの状態のまま、手をまっすぐ前に伸ばす。両手いっしょに、横に水をかいておなかの下から、足の横に持っていく。

できないときはここをチェック ☑

浮きあがる前に手をかこうとしていないかチェックしてみよう。完全に身体が浮きあがり、手が水面ぎりぎりまであげってから、かくようにする。

ふし浮きダイブから
手を使って連続で浮きあがる

> **！ココが直る** ふし浮きダイブから、手を使って連続で浮きあがれるようになる。

浮きあがってきたら
手をおなかの下の方にかく

ふし浮きダイブから手を使って連続で浮きあがってみよう。

ふし浮きの姿勢で水にもぐり、手を横にかき、おなかの下から太ももの方まで水をかいていく。

太ももの後ろで伸ばした手を、**水の抵抗がかからないようにして前に戻してく。**

手のひらでおなかの真ん中をさするようにしてみよう。

水面上に上半身が浮きあがったら、ふし浮きダイブを続けてやってみよう。

> **効くツボ**
> 1. 『ひょうたん』を描くように
> 2. おなかをさするように戻す
> 3. 水面にあがってからダイブ

効くツボ 1

『ひょうたん』を描くように手を後ろにかく

上半身が浮きあがって、手が水面ぎりぎりになったところで、『ひょうたん』を描くように、水をかいてみよう。おなかの下まで水をかき、いっきに太ももまで手を伸ばす。顔が水面に浮かびあがったら手を前に戻していく。

効くツボ 2

おなかをさするようにして手を前に戻す

ももの後ろに伸ばした手を、前に持っていき、ふし浮きの状態に戻ってみよう。手のひらを上に向けたまま、水の抵抗がかからないように、おなかの真ん中をさすりながら、手を前に戻していく。足は自然に伸ばして、身体のバランスをとるようにする。

効くツボ 3

上半身が水面にあがってから次のダイブに入っていく

手を前に戻したら、両手を重ねて、ふし浮きダイブを続けてやってみよう。上半身が水面に完全にあがってから、次のダイブに入っていく。膝はできるだけ曲げないように自然に伸ばし、足首はハの字になるように、少し内股ぎみにしておく。

やってみよう
ハートを描くように手を動かす

手をすばやく前に戻すイメージをつかむため、上半身が浮きあがってきたときに、平泳ぎの手の動きをする。手を後ろまでかかずに、ハートを描くようにして、手を前に戻してみよう。

できないときはここをチェック ☑

手のかきと膝をチェックしよう。手をしっかりかいていないと水面まであがることができない。膝が曲がっていると身体の上下動がキープできない。

48 ▶▶▶ バタフライ

水面ぎりぎりに手をあげて
リカバリーする

> **！ココが直る** 手を水面にぎりぎりに通して前に戻す、リカバリーの方法がわかる。

**水面ぎりぎりに手を通して
前に戻していこう**

　ふし浮きダイブをして、上半身が浮いてきたら『ひょうたん』を描くように水をかいて、手を後ろまで持っていく。

　上半身を起こして、水の中で立った状態で、手を大きく広げて、**水面ぎりぎりを通り**、バタフライのリカバリーをしてみよう。

　手を前に戻すときは、**親指を下、手のひらを後ろに向け**、肘を伸ばし肩より高くあげないようにする。

効くツボ
1. 『ひょうたん』を描く
2. 手のひらを後ろに向ける
3. 手を水面ぎりぎりに通す

効くツボ 1

『ひょうたん』を描くように
水をかく

両手を重ねてしっかり伸ばし、水中に上半身をダイブさせて、身体が浮いてきたら、『ひょうたん』を描くように水をかいてみよう。おなかの前から太ももの後ろまで水をかき、手を後ろにしっかり伸ばすようにして、上半身を浮きあがらせる。

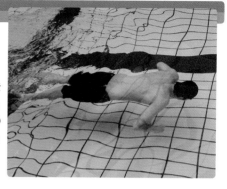

効くツボ 2

手のひらを後ろに向けて
指先で下をさす

足をプールの底につけて、腕を大きく広げ、水面ぎりぎりを通るように、手を前に運んでいこう。手のひらを後ろに向け、親指で下をさした状態で、肩よりも腕を高くあげないようにして、手だけ前に持っていく練習をする。

効くツボ 3

手を水面ぎりぎりに通して
手を前に戻す

水面ぎりぎりを通って両手を前に戻したら、手を重ねておく。足を水面まで蹴りあげて、もう一度ふし浮きの状態になり、ふし浮きダイブをしてみよう。腰が反り返らないように注意して、後頭部から背中を一直線にする。

やってみよう
布団の上でリカバリー練習
布団にうつぶせになり、手のひらを上にして手を後ろに伸ばす。親指の爪が布団にこするような高さに腕をあげて、手を前に持っていってみよう。水面ぎりぎりに手を動かすイメージがつかめる。

できないときはここをチェック ☑
手を後ろにかいたとき、身体が起きているかチェックしよう。立った状態になっていないときに、手を前に持っていこうとしてもうまくできない。

49 ▶▶▶ バタフライ

すばやい動きで
シングルコンビネーション

> **ココが直る** 一回ずつ立ちあがり、すばやくもぐる身体の使い方がわかる。

**ふし浮きダイブをしたら
ひょうたんを描くように水をかく**

　ふし浮きダイブから**一度立ちあがり、すぐにもぐる**シングルコンビネーションの練習をやってみよう。

　身体の下から足の後ろまで水をかき、手を伸ばした状態から、一度立ちあがって、手を前に持っていく。立ちあがった瞬間、すばやく両腕を持ちあげるようにしてみよう。

　着地するときは、膝を軽く曲げておき、プールの底を蹴るようにして、次のダイブに入っていく。

効くツボ
1. すぐに立ちあがる
2. 立ちあがった瞬間手を前に
3. 連続して行う

効くツボ 1

手を後ろに伸ばしたら
立ちあがる準備をする

ふ　し浮きダイブで、上半身が水中に深くもぐったあと、手を横に開き、おなかの中心を通り、足の方まで水をかく。手を後ろに伸ばした状態で、立ちあがる準備をする。膝を曲げて片足ずつプールの底に足をつけていこう。

効くツボ 2

立ちあがった瞬間に、
すばやく手を前に持っていく

立　ちあがった瞬間に、手のひらを後ろに向けて、肘を伸ばしたまま、すばやく手を前に持っていってみよう。背中から後頭部までを一直線にして、おなかを引き締め、背中を少し丸めるようにすると、腰が反り返らないで、できるようになる。

効くツボ 3

手を前に戻したらすぐに
ふし浮きダイブに入る

ふ　し浮きダイブから立ちあがり、ふし浮きダイブに戻る連続動作を行ってみよう。両腕を持ちあげるようにして、手を前に戻したらすぐに、ふし浮きダイブに入っていく。膝を曲げて、スタートで壁を蹴るようなイメージで、プールの底をキックしてみよう。

Let's やってみよう

トビウオのように飛び込む

ふし浮きダイブから浮きあがるときに、手をまっすぐ上にあげた状態でしゃがむ。プールの底を蹴ってジャンプをしながら手をかき、トビウオのように前に飛び込んでいく練習をしてみよう。

できないときはここをチェック ☑

深くもぐっているかをチェックしてみよう。連続動作が続くと、次第にもぐり方が浅くなっていくことが多いので注意しよう。

50 ▶▶▶ バタフライ

ダイブと浮きあがりを
ゆっくりと連続でやってみる

> **ココが直る** ふし浮きダイブからゆっくりと浮きあがる連続動作ができるようになる。

**背中を丸めるようにして
手を前に持っていく**

　ふし浮きダイブから浮きあがる動作をつなげてやってみよう。

　上半身を入水して深く沈み、ゆっくりと時間をかけて浮きあがってくる。指先と頭を下に向けて入水し、浮きあがるときは上に向けるようにしてみよう。

　手は横に開き、身体の下を通り足の後ろに伸ばしておく。

　普通のバタフライのように、キックを強くうたないで、**上半身の上下動に合わせて、**足のつけ根から足先までを深く大きく動かしてみよう。

> **効くツボ**
> 1. ゆっくりと浮きあがる
> 2. 手は水面ぎりぎりで戻す
> 3. 上下動にあわせ足を動かす

効くツボ **1**

ゆっくりと浮きあがり、手を横にかく

手を重ねて身体を一直線に伸ばす、ふし浮きの姿勢から、上半身を入水させていく。上半身が深く沈み、ゆっくりと時間をかけて浮きあがってきたところで、手を横に開き、身体の下を通って、足の後ろに伸ばしてみよう。

効くツボ **2**

手は水面ぎりぎりに通して前に戻す

手を後ろに伸ばし上半身が水面にあがってきたら、両腕を広げ、手の親指が水面を触るようして、手を前に持っていく。このときの足の動きは、つま先から足裏、膝と太ももの後ろまでを、しならせるように上に蹴りあげてみよう。

効くツボ **3**

上半身の上下動にあわせて足全体をゆっくり動かす

手を前に戻し、続けてダイブするとき、足全体を使って、水をおさえるように大きく深くゆっくりと動かしてみよう。普通のバタフライのように、キックを強くうたないように、上半身の上下動にあわせて、股関節から足先までを動かすようにする。

Let's ☞やってみよう

フィンをつけて上下動

深くもぐるコンビネーションができるようになったら、フィンやアクアシューズをはいて、さらに上下動を大きくしてみよう。フィンをつけて練習すると、手の動きがスムーズになる。

できないときはここをチェック ☑

深くもぐっているかチェックしてみよう。もぐりが浅いとキックがうまくできないので、深くもぐり、ゆっくりと浮かびあがるようにする。

ふくらはぎから足のつけ根に効く

腰痛軽減予防の他、優雅なキックが実現
注意点：曲げることをがんばらないで
時間／回数：30秒〜60秒を１〜３回

膝の裏から太ももの裏に効く

腰痛軽減予防の他、スムーズなキックが実現注
意点：頭を下げて足につけようとしない
時間／回数：片足30秒〜60秒を１〜３回ずつ

泳ぐ前の
正しいストレッチ

長い距離をゆっくり泳ぐとき、プールに入る前にしっかりストレッチをして、
身体を柔軟にしておきましょう。
水の中で足がつったり、腰が痛くなったりしません。

股関節の内側に効く

腰痛軽減予防の他、股関節の血流促進
注意点：背中を丸めないように
時間／回数：30秒〜60秒を１〜３回

太ももの前に効く

腰痛軽減予防の他、ダイナミックなキックに
注意点：膝の痛い人は無理をしないで
時間／回数：片足30秒〜60秒を１〜３回ずつ

背中や肩甲骨まわりに効く

肩こり解消にはこれでバッチリです
注意点：できるだけ手を遠くに伸ばして
時間／回数：30秒～60秒を1～3回

胸から脇に効く

優雅なフォームの実現にはコレ
注意点：出来るだけ背中を伸ばして
時間／回数：30秒～60秒を1～3回

肩に効く

美しいリカバリーフォームが実現
注意点：背筋をしっかり伸ばして
時間／回数：30秒～60秒を1～3回

二の腕から脇に効く

美しい腕のラインとクロールの手のかきがス
ムーズに
注意点：背筋を伸ばして
時間／回数：30秒～60秒を1～3回

ふくらはぎに効く

泳いでいるときに足がつりません
注意点：踵からお尻まで一直線に
時間／回数：30秒～60秒を1～3回

腰から背中に効く

水着が似合う後姿になります
注意点：背中にくっつくぐらいにお腹をぺちゃ
んこに
時間／回数：30秒～60秒を1～3回

ゆったり長く泳げる
コツとツボ一覧

すべての「コツ」と「ツボ」を一覧にしてみました。
ここに技術が凝縮されています。
ひととおり読み終え、泳ぐときに、切り取って持っていき、確認してください。

PART1 泳ぐ前の準備と姿勢

コツNo.01 キャップとゴーグルは 自分にあったものを選ぶ P12	効くツボ 1	きつくないものを選ぶ	
	効くツボ 2	髪の毛を全部入れる	
	効くツボ 3	斜めにゴムをかける	
コツNo.02 水に慣れるための ウォーミングアップの呼吸 P14	効くツボ 1	口から息を吸い鼻から吐く	
	効くツボ 2	水の中で息を止めて耐える	
	効くツボ 3	細く長く少しずつ息を吐く	
コツNo.03 ウォーミングアップで 身体の緊張をほぐす P16	効くツボ 1	上半身をねじるように歩く	
	効くツボ 2	身体の軸を固定させる	
	効くツボ 3	おなかを引き締める	
コツNo.04 正しいけのびの姿勢で 楽な身体のラインを作る P18	効くツボ 1	後頭部と背中を一直線	
	効くツボ 2	おなかをへこませる	
	効くツボ 3	手は耳の真横にあげる	
コツNo.05 壁をキックして けのびの姿勢を確認する P20	効くツボ 1	壁をキックしてけのび	
	効くツボ 2	足はまっすぐに浮かせる	
	効くツボ 3	3〜5m進む	
コツNo.06 正しい背浮きの姿勢を 覚えよう P22	効くツボ 1	耳まで水につける	
	効くツボ 2	背中を少し丸める	
	効くツボ 3	足は自然に伸ばしておく	

PART2 手の使い方とキック

コツNo.07 クロールの入水は 肘を立て、指先を下に向ける P26	効くツボ 1	指をそろえ斜め下に入水	
	効くツボ 2	肘を立てて入水する	
	効くツボ 3	肩を背中から持ちあげる	
コツNo.08 指先をそろえ 水をキャッチする P28	効くツボ 1	指先をそろえて伸ばす	
	効くツボ 2	指先を下に向けてキャッチ	
	効くツボ 3	足でバランスをとる	
コツNo.09 身体の中心を通り 太ももの近くまで水を押し出す P30	効くツボ 1	水を胸の方にかき込む	
	効くツボ 2	太ももの前まで水を押す	
	効くツボ 3	肘をまっすぐ伸ばす	

122

PART3 クロールの呼吸とローリング

PART4 背泳の身体の使い方

PART5 バタフライの泳ぎ方

ゆったり長く泳げる コツとツボ一覧

Mermaid Swimming
by Misako

己抄呼 〜 Misako 〜

健康アーティスト、健康体操研究家
即泳メソッド・マスタートレーナー

全国の企業、自治体、医療機関等での年間 300 本を超える健康セミナー、イベントレッスン、トークショーなどをこなす傍ら、トップアスリートのボディケア、プロの健康指導者の育成を行う。現在では、全国の自治体、企業から大人気！ 10 万人超えの参加者を誇る エンターテイメント講演「己抄呼〜 Misako 〜の笑う体操！」のほか、全国で 50 万人以上が受講する、自身考案の「ろっ骨エクササイズ KaQiLa 〜カキラ〜」が大人気。2015 年 4 月より、月一度のレギュラーコーナー（己抄呼〜 Misako 〜の「爽快！楽々体操」に出演中の「ぐるっと関西おひるまえ」（NHK 関西／毎週月〜金・11：30-12：00）を中心にマスコミメディアでも幅広く活躍中。また、水泳指導では、全く泳げない人でも「たった 2 時間で 25m（クロール）が泳げるようになる己抄呼〜 Misako 〜式即泳メソッド」で水泳の本当の楽しさと魅力を伝えている。

（主な著書）

「10 万人の体の痛みをついに治した！」「肋骨メソッド」（SB クリエイティブ）
「神奇肋骨操」（大是文化出版社／台湾）
「奇跡のろっ骨エクササイズ KaQiLa」（主婦と生活社）
「くびれスッキリ！ろっ骨エクササイズ」（SB クリエイティブ）

（己抄呼〜 Misako 〜公式ウェブサイト）

KaQiLa メソッド 公式サイト（日本語版）http://www.kaqila.com/
KaQiLa Method English Official WebSite（カキラ英語版公式サイト）https://www.kaqila.jp/
己抄呼〜 Misako 〜の笑う体操！公式サイト http://www.egao-kensyu.com/
己抄呼〜 Misako 〜オフィシャルサイト http://www.misako-kaqila.com/

己抄呼〜 Misako 〜へのご質問・お問合わせ先

株式会社 Kidz Company ／ THD,Japan 〜日本総合健康指導協会〜

Tokyo Office：東京都港区六本木 2-4-9 アソルティ六本木一丁目 6F　03-3568-2010
Osaka Office：大阪市淀川区宮原 3-3-3 ビクトリアスビル 7F　06-6399-4170
E-Mail：info@kidz.co.jp

モデル

園田 直哉 NAOYA SONODA

（主な経歴）
2002 年　短水路日本選手権 200M 背泳…日本記録で優勝
2002 年　横浜パンパシフィック選手権
　　　　　200M 背泳・４００M 自由形でともに７位入賞
2002 年　日本学生選手権（インカレ）、２００M 背泳優勝
2002 年　釜山アジア大会 200M 背泳３位
2003 年　大邸ユニバーシアード 200M 背泳７位入賞
2004 年　日本選手権（兼アテネオリンピック選考会）
　　　　　200M 自由形７位入賞、400M 自由形４位入賞
　　　　　800M 自由形２位、200M 背泳３位

STAFF

【監修】	己抄呼～Misako～
【モデル】	園田直哉
【撮影】	千安英彦（C3 Productions Inc.）
【ライター】	千安知詠子（C3 Productions Inc.）
【編集】	ナイスク　http://www.naisg.com/ 松尾里央／岸正章／内海舜資
【紙面デザイン】	沖増岳二（elmer graphics）
【DTP】	佐々木志帆（ナイスク）
【施設提供】	ジェルフィットネスクラブ天王寺（日本スポーツライフ株式会社）

健康なカラダをつくる
水泳のポイント　ゆったり長く泳ぐ

2020年　6月15日　　　第1版・第1刷発行

監修者　　己抄呼～Misako～（みさこ）

発行者　　株式会社メイツユニバーサルコンテンツ
　　　　　（旧社名：メイツ出版株式会社）
　　　　　代表者　三渡　治

　　　　　〒102-0093 東京都千代田区平河町一丁目1-8
　　　　　TEL:03-5276-3050（編集・営業）
　　　　　　　　03-5276-3052（注文専用）
　　　　　FAX:03-5276-3105

印　刷　　三松堂株式会社
◎『メイツ出版』は当社の商標です。

ご意見・ご感想はホームページから承っております。
ウェブサイト　https://www.mates-publishing.co.jp/

編集長:折居かおる　副編集長:堀明研斗　企画担当:大羽孝志／千代　寧

※本書は2006年発行の『もっと楽しく！ゆったり長く泳げるコツ50』を元に加筆・修正を行っています。